Märchen
theologisch interpretiert
St. Markus, Hamburg-Hoheluft
2014-2016

Wolfgang Nein

Märchen
theologisch interpretiert

St. Markus, Hamburg-Hoheluft
2014-2016

© 2019 Wolfgang Nein
www.dasja.de
Herstellung und Verlag:
BoD – Books on Demand, Norderstedt
ISBN 978-3-7504-1203-3

Inhalt

Vorwort

Als Hanna Margarete und Dietrich Schilling am 13. Oktober 2013 bei uns zu Besuch waren, erfuhren wir, dass Hanna Margarete sich zur Märchenerzählerin hat fortbilden lassen. „Darf ich euch mal ein Märchen erzählen?" – „Ja, gern." Als sie mit ihrem schönen Märchen durch war, konnte ich mich eines Kommentars nicht enthalten: „Das eine Motiv aus dem Märchen kommt auch in der Bibel vor." So kamen wir auf das Thema „Märchen und Bibel". Dann Hanna Margaretes Frage und Anregung: „Wollen wir nicht mal eine Veranstaltung in der Gemeinde zu diesem Thema machen?!

Am 19. September 2014 um 19 Uhr war es dann so weit. Unter dem Titel „Dann werden wir erlöst! Märchen und ihre Deutung aus religiöser Sicht", lud die Gemeinde ins Gemeindehaus ein. Hanna erzählte vier Märchen, ich gab meine theologischen Interpretationen dazu und Elisabeth Lehmann umrahmte die Texte mit stimmungsvollen Musikstücken am Klavier. Der kleine Saal war gut gefüllt. Am Ende das Gefühl: So etwas könnten wir noch einmal machen.

Wir haben dann noch zweimal eingeladen – am 22. November 2015 unter dem Titel: „Licht am Ende des Weges", und am 6. November 2016 unter dem Titel: „Väter – Söhne – Märchenhelden", jeweils mit Hanna Margarete Schilling und Ellen-Marie Langholz als Erzählerinnen.

Ich habe mich gern auf die Auswahl der Themen und der Märchen und auf die Vorschläge für den Ablauf des Abends durch die Erzählerinnen eingelassen. Für die musikalische Begleitung sorgte 2015 wieder Elisabeth Lehmann und 2016 Linde Müller-Blaak. Abgedruckt sind in diesem kleinen Buch die Märchen und ihre theologische Interpretation.

Vielleicht ist „Interpretation" ein wenig zu hoch gegriffen. „Kommentiert" wäre vielleicht die bessere Beschreibung der

Art und Weise, wie ich mich zu den insgesamt siebzehn Märchen geäußert habe.

„Was wollte ich als Theologe zu den Märchen gern sagen – nicht in einem wissenschaftlichen Sinne, sondern als jemand, der die existentielle Situation des Menschen intensiv empfindet und sich aus diesem Empfinden heraus in seinen theologischen Gedanken stets auch bei der Auslegung der biblischen Überlieferungen hat leiten lassen?"

Märchen waren eigentlich – abgesehen von den Jahren der Kindheit – nicht mein Thema. Aber aus der oben erwähnten Situation heraus wurden sie mir zu einer Aufgabe. Sie sind mir nun zu einem interessanten Thema geworden, weil die Märchen auf ihre je besondere Art ebenfalls Bezug nehmen auf die existentielle Situation des Menschen. Sie erzählen vom Verfügbaren und Unverfügbaren im Leben von Menschen verschiedener sozialer Schichten, von einfachen und von mächtigen Menschen, von Armen und Reichen, von Gutwilligen und Böswilligen, von Männern und Frauen, Eltern und Kindern, von Geschwistern, von Klugen und weniger Klugen, von Resignierten und von Hoffnungsfrohen.

Am Ende fügt es sich in der Regel so, dass das Unverfügbare, das erhoffte Gute und Schöne und Erlösende, obsiegt, sodass Hörer und Leser der Märchen ermutigt und zuversichtlich dem Unverfügbaren ihres weiteren Lebens entgegensehen können.

In diesem Sinne lassen sich Märchen – fast – als „christliche Theologie auf volkstümliche Art" lesen und hören.

Viel Freude beim Lesen!

Wolfgang Nein, Oktober 2019

Freitag, 19. September, 19.00 Uhr
im Gemeindehaus Löwenstraße 60

„Dann werden wir erlöst!"

Märchen theologisch interpretiert 2014

Ein Abend mit
Hanna Margarete Schilling, Märchenerzählerin,
Wolfgang Nein, Pastor i.R.
Elisabeth Lehmann, Klavier

Der Eintritt ist frei

Programm

Klavier:
Franz Schubert: Impromptu As-Dur, op. 142,2

Märchen:
Die Wahrheit und das Märchen (jüdisch)
Interpretation

Klavier:
J. Brahms: Intermezzo A-Dur, op. 118,2

Märchen:
Der hässliche Riese (Malta)

Klavier:
Friedrich Burgmüller: Gewitter, op. 109,13

Interpretation

Klavier:
Robert Schumann: Träumerei, op. 15,7

Pause

Klavier:
Ludwig von Beethoven: Sonate Nr. 14, op. 27,2
Adagio sostenuto (Mondscheinsonate)

Märchen:
Die sieben Raben (Gebrüder Grimm)
Interpretation

Klavier:
Ludwig van Beethoven: Albumblatt „Für Elise)

Märchen:
Der Hirte und die Fee (Italien)
Interpretation

Publikum:
Abendlied: Der Mond ist aufgegangen

Abb. 1: Die Wahrheit und das Märchen

Die Wahrheit und das Märchen
Ein jüdisches Märchen aus Israel

Die Wahrheit ging durch die Straßen der Stadt, ganz nackt, wie am Tage ihrer Geburt. Kein Mensch wollte sie in sein Haus einlassen. Jeder, der sie traf, flüchtete voller Angst vor ihr. Da war die Wahrheit betrübt und verbittert.

Als sie eines Tages wieder einmal in Gedanken versunken durch die Straßen ging, begegnete sie dem Märchen. Das Märchen war geschmückt mit prächtigen bunten Kleidern, die jedes Auge und jedes Herz entzückten.

„Sag mir, geehrte Freundin", fragte das Märchen die Wahrheit, „warum bist du so bedrückt und drehst dich auf den Straßen so betrübt herum?" Da antwortete die Wahrheit: „Es geht mir schlecht, ich bin alt, kein Mensch will mich kennen, keiner mag mich."

Doch das Märchen entgegnete ihr: „Nicht weil du alt bist, lieben dich die Menschen nicht. Auch ich bin sehr alt, und je älter ich werde, desto mehr lieben mich die Menschen. Siehe, ich will dir das Geheimnis der Menschen enthüllen: Sie mögen es, wenn jemand geschmückt ist, schön gekleidet und hübsch anzusehen. Ich werde dir solch herrliche Kleider borgen, mit denen ich angezogen bin, und du wirst sehen, dass die Leute auch dich lieben werden."

Die Wahrheit befolgte diesen Rat und schmückte sich mit den Kleidern des Märchens. Seitdem gehen Wahrheit und Märchen zusammen, und beide sind bei den Menschen beliebt.

Abb. 2: Blick ins Universum

Theologische Gedanken zum Märchen
„Die Wahrheit und das Märchen"

Die nackte Wahrheit ist:

Die unbegreifliche Größe des Universums.
Entfernungen werden in Lichtjahren gemessen.
Wir sind in diesem Universum so gut wie nichts,
obwohl wir doch so gern etwas sein möchten.

Abb. 3: Vulkanausbruch 1827 (Emilie Eisenhut)

Die nackte Wahrheit ist:

Die brodelnde Glut im Inneren des Erdballs.
Sie durchbricht zu Unzeiten
die dünne Schicht der Erdkruste, auf der wir leben,
zerreißt die Oberfläche,
bringt Gebäude zum Einsturz,
lässt riesige Wellen bewohntes Land überfluten.
Wir leben auf einer dünnen,
verletzlichen Erdschicht.
Wir haben keine sichere Wohnstätte.

Die nackte Wahrheit ist:

Das Werden und Vergehen im Kosmos
und in der Natur.
Gestirne werden und vergehen.
Die Erde ist geworden und wird vergehen.
Wir waren Sternenstaub
und werden zu Sternenstaub werden.
Alles Lebendige hat seine begrenzte Lebenszeit.

Abb. 4: Die großen Fische fressen die kleinen (Pieter Bruegel der Ältere, 1556)

Die nackte Wahrheit ist:

Das Fressen und Gefressenwerden in der Natur.
Das Recht des Stärkeren.

Abb. 5: Hiroshima nach dem Atombombenabwurf 1945

Die nackte Wahrheit ist:

Die problembeladene Art des Menschen.
Um seine Selbsterhaltung besorgt,
ist sich jeder zunächst selbst der Nächste.
Qualitäten, die den Menschen über das Tier erheben –
Bewusstsein, Denken, Freiheit, Erfindergeist –,
werden zugleich zur Quelle des Bösen.

Auch in der Tiefe des Menschen
brodeln unheilvolle Kräfte,
die zur Unzeit
an jeglichem Ort der Welt
ausbrechen und Unheil anrichten können.

Die nackte Wahrheit ist:

Die Überforderung des Menschen
mit diesem ganzen Dasein.
Der Mensch kann dieses Dasein nicht verstehen,
und er kann es nicht handhaben.

Der Mensch hat sich nicht selbst geschaffen,
auch nicht seine Lebenswelt.

Der Mensch ist mit sich selbst überfordert,
mit den Vorgängen, die sich in ihm vollziehen.
Er ist überfordert mit seinen Mitmenschen.
Er ist überfordert mit all dem,
was er kann und könnte,
was er soll und sollte,
was er darf und dürfte.

Der Mensch ist den Schicksalsmächten
letztlich wehrlos ausgeliefert.

Je mehr der Mensch versteht,
desto größere Lücken seines Verständnisses tun sich auf.
Je mehr er zu handhaben versteht,
desto umfassender und belastender
werden seine Verantwortung
und die Möglichkeiten der Selbstzerstörung.

Die nackte Wahrheit sind:

Die unbeantwortbaren Fragen
nach dem Woher und Wohin und Warum
und dem Sinn des Ganzen.

Die nackte Wahrheit
ist erschreckend und belastend.
Wer will sie hören und sehen und zur Kenntnis nehmen?

Das jüdische Märchen sagt:

„Kein Mensch wollte sie in sein Haus einlassen.
Jeder, der sie traf, flüchtete voller Angst vor ihr."

Abb. 6: Vertreibung aus dem Paradies (Michelangelo)

Unsere Tochter Julia
schlug ihre Kinderbibel damals schnell wieder zu:

Adam und Eva tun, was sie nicht tun durften
und werden aus dem Paradies hinausgeworfen.

Abb. 7: Kain und Abel (Josef Vergara, 18. Jh.)

Kain erschlägt seinen Bruder Abel.

Abb. 8: Die Sintflut (Hans Baldung, 1516)

Die fehlgeratene Kreatur Mensch
wird in einer Sintflut ertränkt.

Abb. 9: Turmbau zu Babel (Pieter Bruegel der Ältere, 1563)

Menschlicher Größenwahn
führt zu einer Verwirrung der Sprachen.
Einer versteht den anderen nicht mehr.

„Schreckliche Geschichten!"
Buch zu!

Das jüdische Märchen sagt dann:

„Die Menschen mögen es,
wenn jemand geschmückt ist,
schön gekleidet und hübsch anzusehen ist."

Wird die Wahrheit verdreht,
wenn sie „aufgehübscht" wird?
Nein.

Denn die nackte Wahrheit
ist nicht die ganze Wahrheit.

Die ganze Wahrheit
ist die nackte Wahrheit
mit ihrer schönen Bekleidung.

Abb. 10: Der Mond ist aufgegangen

36

Die schöne Bekleidung

des unfassbaren, kalten und bedrohlichen Universums
ist des Tags der blaue Himmel,
geschmückt mit einer strahlenden Sonne
und schönen, vielgestaltigen Wolken
und des Nachts der dunkle Himmel
mit einem sich wandelnden Mond
und unzähligen funkelnden Sternen.

In wie vielen Gedichten
ist dieses schöne Kleid des Universums
poetisch beschrieben!

„Der Mond ist aufgegangen,
die goldnen Sternlein prangen
am Himmel hell und klar."

Der Blick zum Himmel
hat schon manchen Unfrommen
fromm gemacht.

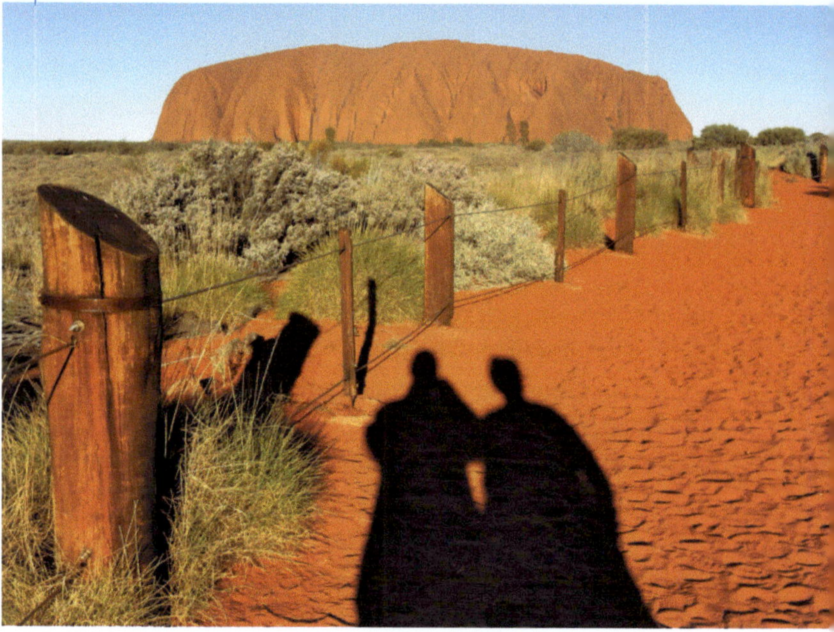

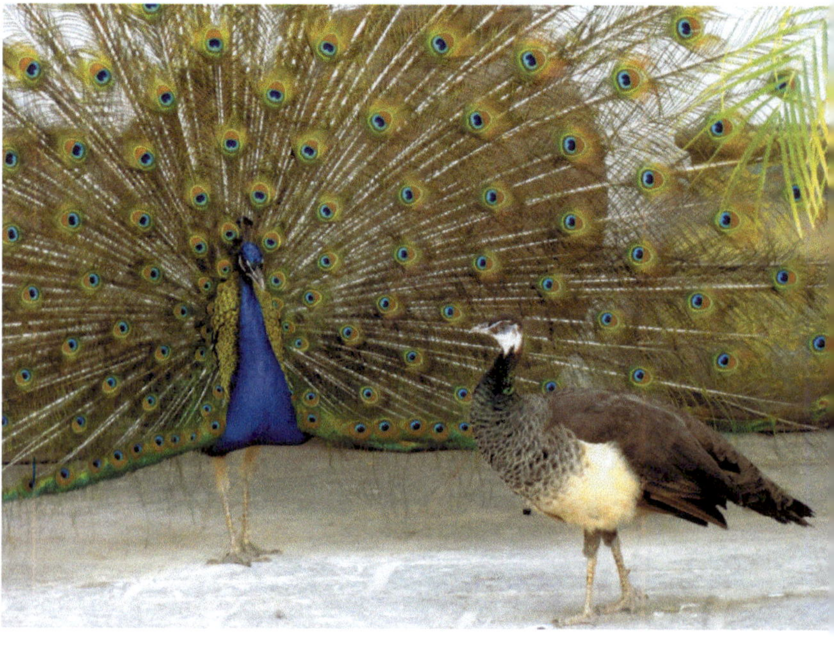

Die schöne Bekleidung

unserer dünnen, zerbrechlichen Erdkruste
sind die erhabenen Berge, die tiefen Täler,
die weiten Meere, die Flüsse und Bäche,
die rauschenden Wälder,
die bunten Felder und saftigen Wiesen –
all das bewohnt
von einer faszinierenden Vielfalt
an Tieren im Wasser, auf dem Land und in der Luft –,
das Grün der Pflanzen,
die Farbenpracht der Blüten und Blumen.

Abb. 11: Nofretete

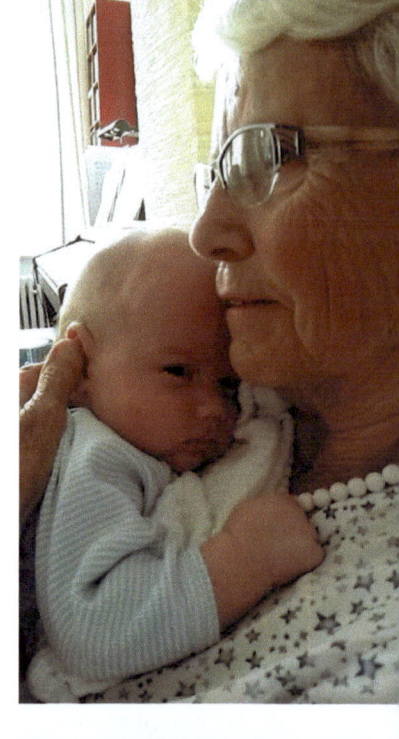

Und die schöne Bekleidung

des problembeladenen Menschen:
Der Mensch
kann sich nicht nur schöne Kleider schneidern.
Er kann auch gut sein, fürsorglich, selbstlos,
barmherzig, liebevoll.

Und überhaupt:

Die schöne Bekleidung

aller irritierenden Erfahrungen,
aller unlösbaren Probleme
und Fragen dieses Daseins
ist der unleugbare Tatbestand,
dass es das Schöne gibt
und das Gute.
Es gibt die Poesie,
die Kunst,
es gibt die Musik.
Es gibt Barmherzigkeit,
Fürsorge,
liebevolle Zuwendung und Hingabe,
Nachsicht, Geduld, Vergebung.
Es gibt die Freude und die Freundlichkeit.
Es gibt Selbstlosigkeit.
Es gibt Bewahrung,
es gibt Heilung und Heil.
Es gibt Vertrauen,
es gibt Hoffnung,
es gibt die Liebe.

Abb. 12: Regenbogen

In der Bibel

gibt es den Regenbogen
als buntes Kleid der Wahrheit.
Er will uns Freude bereiten an diesem Dasein
und unser Vertrauen stärken
in den guten Gang der Dinge.

Abb. 13: Geburt Christi (Conrad von Soest, 1404)

Und es gibt den Menschen,
der wie eine Erlösung zu uns gekommen ist.

Er hat sich der nackten Wahrheit ausgesetzt,
hat sie angenommen
und hat sie bekleidet
mit seiner menschlichen, liebevollen Art.

In ihm kommt uns der ferne,
unbegreifbare Schöpfer des Universums und allen Seins
als liebender Gott ganz nah.

In Christus begegnet uns die ganze Wahrheit –
mit allem Erschreckenden
und allem Schönen und Guten.

So können wir die Wahrheit annehmen.

Der hässliche Riese
Ein Märchen aus Malta

Es war einmal ein Mann, der in einen großen Wald ritt. Er ritt und ritt; zuletzt erblickte er ein schönes Gebäude und davor viele große Bäume mit großen gelben Früchten. Schon lange hatte er sich eine solche Frucht gewünscht – darum pflückte er eine.

Aber kaum hatte er die Frucht abgerissen, als ein abscheulicher Riese aus jenem Hause trat und schrie: „Du Schande der Menschen! Schämst du dich nicht, meine mit so viel Mühe aufgezogenen Früchte zu pflücken? Dass du erblinden möchtest!"

Der Mann bat ihn um Verzeihung, und der Riese schrie: „Gut, ich schenke dir dein Leben und dein Augenlicht! Aber das Mädchen, das aus dieser Frucht herauskommt, musst du mir nach vierzehn Jahren hierher bringen, sonst hole ich sie und blende dich!"

Der Mann ritt hierauf heim. Aus der Frucht aber stieg ein kleines Mädchen. Es war sehr schön und lieblich. Der Mann und seine Frau freuten sich und hatten das Mädchen sehr lieb. Sie vergaßen jenes Versprechen und dachten, der Riese wäre gestorben.

Doch gerade nach vierzehn Jahren ging das Mädchen in den Wald und pflückte Blätter. Auf einmal kam ein Riese auf sie zu und sagte: „Morgen soll dich dein Vater hierher bringen! „Sie hatte Angst und weinte, obwohl sie nichts von dem Vertrage wusste. Als sie alles dem Vater erzählte, erschrak er, und alle weinten. Aber das Mädchen sprach: „Gut, ich gehe hin, um zu sterben, denn er wird mich ganz gewiss töten!" Dann ging sie mit ihrem Vater in den Wald, und der Riese nahm sie auf seine Arme, die so groß waren wie Bäume, und trug sie fort. Der Vater aber musste heimgehen.

Abb. 14: Schlangen

Einst sagte der Riese zur Kleinen:
„Willst du mich heiraten?"
„Nein, du bist so hässlich!"

Da wurde er zornig und warf sie in die Schlangengrube zu den sieben Schlangen. Aber sie sagte zu den Schlangen: „Ach, wie schön sind eure Kleider! Die Flecken am Hals leuchten so herrlich wie große Feueraugen. Ach, lasst mich bei euch schlafen!" Da freuten sich die sieben Schlangen und legten ihre Leiber in eine Reihe. Auf diese Weise entstand ein schönes, weiches Bett, auf dem das Mädchen schlief.

Am Morgen kam der Riese, um die Schlangen zu füttern, und erblickte das Mädchen, wie es friedlich auf den großen Körpern der sieben bunten Schlangen schlief. Er ließ sie ausschlafen, und dann half er ihr aus der Schlangengrube.

Nachdem wieder einige Zeit vergangen war,
sprach er zu ihr:
„Willst du mich jetzt heiraten?"
„Nein, du bist so ungeschlacht und hässlich!"

Der Riese ergrimmte und warf sie in das Meer zu den sieben Menschenhaien. Aber sie redete sie an und sagte: „Ach, wie schön sind eure Flossen und Schuppen!" Einer der Haie hatte aber keine Schuppen, da bewunderte sie seine schöne blaue Hautfarbe. Dann bat sie diese großen Tiere des Meeres, sie doch ein wenig ausruhen zu lassen. Und die sieben Menschenhaie schwammen dicht aneinander und bildeten mit ihren Leibern ein großes weiches Bett. Mit ihren Flossen deckten sie das Mädchen zu, um es vor der Sonne zu schützen. So schlummerte sie ruhig.

Am nächsten Morgen kam der Riese ans Ufer, um die Haie

zu füttern, deren Freund er war. Die Tiere schlugen die Flossen auseinander, und der Riese sah das Mädchen. Er ließ es ausschlafen, dann half er ihr an Land und trug sie in sein Haus. Nach längerer Zeit fragte er sie wieder:

„Willst du meine Frau werden?"
„Nein, du hast eine so hässliche Stimme
und bist so unendlich hässlich!

Da wurde er sehr böse, und mit seinen Armen trug er sie in die Löwengrube, wo die sieben großen Löwen hausten. Diese hatten schon drei Tage kein Futter mehr erhalten und waren sehr hungrig. Das Mädchen streichelte sie und sagte: „Ach, wie weich und fein ist euer schönes Fell! Bitte, lasst mich eine Nacht bei euch schlafen!" Die Löwen rückten zusammen und bildeten mit ihren Körpern ein weiches Bett.

Das Mädchen schlief ruhig, und als der Riese am Morgen kam, um die Löwen zu füttern, die seine Freunde waren, fand er das Mädchen in süßestem Schlummer. Er ließ sie ausschlafen und hob sie darauf aus der Löwengrube.

Nachdem wieder einige Zeit verstrichen war,
sprach zu ihr der hässliche Riese:
„Willst du mich nun endlich heiraten?"

Das Mädchen hatte sich nun fast an den unschönen Riesen gewöhnt, und da er ihr so oft gar liebe und freundliche Worte sagte, so erwiderte sie diesmal:

„Ja, ich will dich heiraten.
Ich finde, dass du gar nicht so sehr hässlich bist!"

Kaum hatte sie das gesagt, fiel der Riese zu Boden. Sie

weinte und schrie: „Hilfe, Hilfe! Mein armer Riese stirbt!"

Aber während sie weinte und sich die Augen zuhielt, hatte sich der Riese in einen schönen jungen Prinzen verwandelt. Er war nämlich von einer bösen Fee verhext und in die Gestalt eines hässlichen Riesen verzaubert worden, weil er sie einmal verspottet hatte. Und die böse Frau hatte gesagt: „Du wirst so lange ein ekelhafter Riese sein, bis ein Mädchen dich liebt, dem weder Schlangen noch Haifische, noch Löwen nach dem Leben trachten!" Nun war dieses Mädchen endlich gekommen! Sie heirateten dann und bekamen sieben Kinder.

Abb. 15: Romantisches Paar

Theologische Gedanken zum Märchen
„Der hässliche Riese"

Der hässliche Riese ist letztlich gar nicht hässlich. Und er ist nicht nur der grobschlächtige, gemeine Typ, als den wir ihn zu Anfang des Märchens kennenlernen. Unter seiner rauen Schale steckt ein guter Kern. Im äußerlich hässlichen und groben Riesen ist ein liebenswerter Prinz verborgen. Er sehnt sich danach, in seinem guten inneren Kern erkannt zu werden und erlöst zu werden von seinem unansehnlichen Äußeren und seiner groben Art. Er kann sich nicht selbst erlösen.

Wie könnte er erlöst werden? Nur durch die Liebe eines jungen Mädchens. Liebe kann erlösen. Der Volksmund sagt: „Liebe macht blind." Wir könnten aber auch sagen: „Liebe sieht mehr." Denn sie schaut durch das Äußerliche hindurch ins Herz hinein und kann den guten Kern im Menschen entdecken und entfalten. Das ist eine christliche Sichtweise.

Für den hässlichen Riesen wird das junge Mädchen zur Erlöserin. Es möchte eigentlich seine Eltern erlösen, seinen Vater insbesondere. Das Mädchen ist sogar bereit zu sterben, um den Vater vor der angedrohten Blindheit zu bewahren. Es begibt sich freiwillig und todesmutig in die Arme des hässlichen Riesen.

Das Mädchen liebt aber nicht nur seine Eltern. Es ist von einer Liebe zu allen Kreaturen erfüllt, auch zu denen, die ihr den Tod bereiten könnten: den Schlangen, den Haien, den Löwen. Es vermag die Tiere innerlich anzurühren mit seiner liebevollen Art. Es spricht die Tiere auf ihre Schönheiten an und befreit damit die guten Kräfte in ihnen. Mit ihren Leibern bereiten sie dem Mädchen ein bequemes Bett, auf dem es süß und selig schlummert.

Der hässliche Riese hat das Mädchen den gefährlichen

Tieren ausgesetzt. Das hat er nicht aus niederen Motiven getan. Er hat es nicht wirklich dem Tode preisgeben wollen. Wie wir aus dem schließen können, was wir später über ihn erfahren, hat er das Mädchen auf die Probe stellen wollen. Denn nur eine übermenschliche Liebe würde ihn erlösen können. Sein Plan geht letztlich auf.

Die Liebe des Mädchens ist in der Tat übermenschlich. Das Mädchen lässt sich weder durch den bösen Ruf der gefährlichen Tiere noch durch die grobe Art und das hässliche Aussehen des Riesen abschrecken. Unerschrocken und liebevoll begegnet es denen, die es mit dem Tod bedrohen. Dieses Mädchen ist ganz anders als die böse Fee. Sie ist das absolute Gegenteil.

Der bösen Fee reichte es, einmal von dem jungen Prinzen verspottet worden zu sein, schon rächte sie sich, indem sie einen hässlichen Riesen aus ihm machte.

Unser Mädchen dagegen kann eine Menge auf sich nehmen. Es ist großherzig. Es nimmt zwar die raue Art und das hässliche Äußere des Riesen zur Kenntnis und benennt es auch in aller Deutlichkeit. Es gibt den Riesen innerlich aber nicht auf. Es entdeckt – trotz allem – auch die liebenswerten Seiten an ihm. Er hatte es immerhin stets ausschlafen lassen, wenn er es morgens bei den Tieren schlafend vorfand. Und er hatte es unermüdlich gefragt, ob es ihn heiraten wolle.

Das Mädchen nimmt schließlich das raue Verhalten des hässlichen Riesen an als das, was es in der Tat ist: als grobe Art der Liebeswerbung, als Härtetest. Das Mädchen ist am Ende bereit, ihn zu heiraten.

Dies ist keine Liebe auf den ersten Blick. Es ist keine blinde Liebe. Es ist eine Liebe, die durch das abstoßende Äußere und die abschreckenden Erfahrungen hindurch das Liebenswerte in diesem Menschen wahrnimmt.

Durch ihre Liebe löst sie in ihm das aus, was sie schon bei den gefährlichen Tieren bewirkt hatte: Sie befreit das Gute in ihm. So wird sie für ihn zur Erlöserin. Sie ist für ihn wie ein weiblicher Christus. Christa könnten wir sie nennen.

Die sieben Raben
Ein Märchen der Gebrüder Grimm

Ein Mann hatte sieben Söhne und immer noch kein Töchterchen, so sehr er sich's auch wünschte. Endlich gab ihm seine Frau wieder gute Hoffnung zu einem Kinde, und wie's zur Welt kam, war's auch ein Mädchen. Die Freude war groß, aber das Kind war schmächtig und klein und sollte wegen seiner Schwachheit die Nottaufe haben.

Der Vater schickte einen der Knaben eilends zur Quelle, Taufwasser zu holen. Die andern sechs liefen mit. Und weil jeder der erste beim Schöpfen sein wollte, so fiel ihnen der Krug in den Brunnen. Da standen sie und wussten nicht, was sie tun sollten, und keiner getraute sich heim.

Als sie noch immer nicht zurückkamen, ward der Vater ungeduldig und sprach: „Gewiss haben sie's wieder über ein Spiel vergessen, die gottlosen Jungen." Es ward ihm angst, das Mädchen müsste ungetauft verscheiden, und im Ärger rief er: „Ich wollte, dass die Jungen alle zu Raben würden!" Kaum

Abb. 16: Die sieben Raben (Heinz Mellmann, 1913-1945)

war das Wort ausgeredet, so hörte er ein Geschwirr über seinem Haupt in der Luft, blickte in die Höhe und sah sieben kohlschwarze Raben auf- und davonfliegen.

Die Eltern konnten die Verwünschung nicht mehr zurücknehmen. Und so traurig sie über den Verlust ihrer sieben Söhne waren, trösteten sie sich doch einigermaßen durch ihr liebes Töchterchen, das bald zu Kräften kam und mit jedem Tage schöner ward.

Es wusste lange Zeit nicht einmal, dass es Geschwister gehabt hatte, denn die Eltern hüteten sich, ihrer zu erwähnen,
bis es eines Tags von ungefähr die Leute von sich sprechen
hörte, das Mädchen wäre wohl schön, aber doch eigentlich
Schuld an dem Unglück seiner sieben Brüder. Da ward es
ganz betrübt, ging zu Vater und Mutter und fragte, ob es denn
Brüder gehabt hätte und wo sie hingeraten wären.

Nun durften die Eltern das Geheimnis nicht länger verschweigen, sagten jedoch es sei so des Himmels Verhängnis und seine Geburt nur der unschuldige Anlass gewesen. Allein das Mädchen machte sich täglich ein Gewissen daraus und glaubte, es müsste seine Geschwister wieder erlösen. Es hatte nicht Ruhe und Rast, bis es sich heimlich aufmachte und in die weite Welt ging, seine Brüder irgendwo aufzuspüren und zu befreien, es möchte kosten, was es wollte. Es nahm nichts mit sich als ein Ringlein von seinen Eltern zum Andenken, einen Laib Brot für den Hunger, ein Krüglein Wasser für den Durst, und ein Stühlchen für die Müdigkeit.

Nun ging es immerzu, weit, weit bis an der Welt Ende. Da kam es zur Sonne, aber die war zu heiß und fürchterlich und fraß die kleinen Kinder. Eilig lief es weg und lief hin zu dem Mond, aber der war gar zu kalt und auch grausig und bös, und als er das Kind merkte, sprach er: „Ich rieche, rieche Menschenfleisch." Da machte es sich geschwind fort und kam zu den Sternen, die waren ihm freundlich und gut, und jeder saß auf seinem besonderen Stühlchen. Der Morgenstern aber stand auf, gab ihm ein Hinkelbeinchen und sprach: „Wenn du

das Beinchen nicht hast, kannst du den Glasberg nicht auf-
schließen, und in dem Glasberg, da sind deine Brüder."

Das Mädchen nahm das Beinchen, wickelte es wohl in ein
Tüchlein, und ging wieder fort, so lange, bis es an den Glasberg kam. Das Tor war verschlossen und es wollte das Beinchen hervorholen, aber wie es das Tüchlein aufmachte, so war
es leer, und es hatte das Geschenk der guten Sterne verloren.
Was sollte es nun anfangen? Seine Brüder wollte es erretten

und hatte keinen Schlüssel zum Glasberg. Das gute Schwesterchen nahm ein Messer, schnitt sich ein kleines Fingerchen ab, steckte es in das Tor und schloss glücklich auf.

Als es eingegangen war, kam ihm ein Zwerglein entgegen, das sprach: „Mein Kind, was suchst du?" – „Ich suche meine Brüder, die sieben Raben", antwortete es. Der Zwerg sprach: „Die Herren Raben sind nicht zu Haus, aber willst du hier so lange warten, bis sie kommen, so tritt ein." Darauf trug das

Zwerglein die Speise der Raben herein auf sieben Tellerchen und in sieben Becherchen, und von jedem Tellerchen aß das Schwesterchen ein Bröckchen, und aus jedem Becherchen trank es ein Schlückchen. In das letzte Becherchen aber ließ es das Ringlein fallen, das es mitgenommen hatte.

Auf einmal hörte es in der Luft ein Geschwirr und ein Geweh. Da sprach das Zwerglein: „Jetzt kommen die Herren Raben heimgeflogen." Da kamen sie, wollten essen und trinken, und suchten ihre Tellerchen und Becherchen. Da sprach einer nach dem andern: „Wer hat von meinem Tellerchen gegessen? Wer hat aus meinem Becherchen getrunken? Das ist eines Menschen Mund gewesen."

Und wie der siebente auf den Grund des Bechers kam, rollte ihm das Ringlein entgegen. Da sah er es an und erkannte, dass es ein Ring von Vater und Mutter war, und sprach: „Gott gebe, unser Schwesterlein wäre da, so wären wir erlöst."

Wie das Mädchen, das hinter der Türe stand und lauschte, den Wunsch hörte, so trat es hervor, und da bekamen alle die Raben ihre menschliche Gestalt wieder. Und sie herzten und küssten einander und zogen fröhlich heim.

Abb. 17: Die sieben Raben (Otto Ubbelohde, 1867-1922)

Theologische Gedanken zum Märchen
„Die sieben Raben"

Ein falsches Wort hatte der Vater gesagt – in seinem Ärger, in seiner Enttäuschung, in seiner Sorge, seiner Angst um die Tochter: „Sollt ihr doch zu Raben werden!" Und schon wurden die sieben Jungen, seine Söhne, zu Raben und flogen davon.

Ein unbedachtes Wort – in einer Gefühlsaufwallung schnell dahingesprochen – und welche dramatischen Konsequenzen! Wenn wir zu jemandem sagen würden: „Du dummer Esel!", und die Person würde sich schlagartig in einen Esel verwandeln – wie furchtbar! Aber so kann das Leben gehen. Eine kleine Unachtsamkeit, und schon ist es geschehen. Ein spontan dahingesagtes Wort – wir können nicht immer druckreif reden –, und schon haben wir jemanden verletzt. Ein wenig zu schnell gefahren, und schon ist es passiert. Wir haben die Dinge des Lebens nicht immer in der Hand. Und wir haben uns selbst nicht immer unter Kontrolle. Das Leben ist kompliziert. Und wir sind in vielem überfordert. Wir sind nicht perfekt. Wir machen Fehler, auch beim besten Willen.

Der Vater hatte nichts Böses im Sinn gehabt. Er liebte seine Söhne bestimmt.

Dass er nach sieben Söhnen auch gern ein Mädchen haben wollte – wie verständlich! Welche Lehrkraft möchte nur Jungen in der Klasse haben?! Und dass er um dieses Mädchen besonders besorgt war, auch verständlich. Und dass er über seine Söhne genervt war, auch verständlich – sie waren bestimmt keine Waisenknaben! Sie waren in diesem Fall übereifrig und dabei zugleich übermütig gewesen. Sie hatten es aber gut gemeint.

In diesem Fall war der Ärger des Vaters also nicht ganz

berechtigt. Insofern hatte er Schuld an der Verwandlung seiner Söhne in Raben. Die Konsequenz hatte er aber nicht wirklich gewollt. Es war wie ein Schlag des Schicksals gewesen. Ganz Unrecht hatte er also nicht gehabt, als er von des „Himmels Verhängnis" sprach. Es stimmt zwar, dass sein Verhalten die Misere ausgelöst hatte. Er hätte sich dazu bekennen sollen. Den Mumm dazu hatte er nicht gehabt. Er hätte seiner Tochter in aller Wahrheit erzählen können, wie alles geschehen war. Er hätte dann ergänzen können: „Ich hatte es nicht so gewollt, aber dann ist es so gekommen." Damit hätte er zum Ausdruck gebracht, dass das Schicksal mächtiger gewesen war als er, dass ihm das Schicksal seinen kleinen Fehler zum Verhängnis hatte werden lassen.

Ja, so ungerecht kann es im Leben zugehen! Wir sind dieser Ungerechtigkeit weitgehend wehrlos ausgesetzt. Dieses Dasein ist in vielem zwar wunderschön, aber in manchem auch erschreckend. Insofern sind wir mit diesem Dasein überfordert. Wir können uns nicht perfekt verhalten, weil wir nicht als perfekte Wesen geschaffen sind. Wir tragen zwar Verantwortung, aber diese Verantwortung ist manchmal zu groß für uns.

Der Vater kann seinen Fehler nicht wiedergutmachen. Wie hätte er das anstellen sollen?!

Aber dann kommt die Tochter. Sie nimmt sich vor, wieder zusammenzuführen, was durch das leichtfertige Wort des Vaters auseinandergerissen worden war. Sie möchte wieder heil machen, was zerrissen wurde. Sie möchte den Schaden wieder gut machen. Sie zieht in die Welt hinaus, sucht nach den Verlorengegangenen. Es wird ein weiter, schwieriger und gefährlicher Weg. Sie erlebt die Schicksalsmächte, über die wir nicht verfügen können, in Gestalt der Gestirne. Sie erlebt Böses, aber auch Gutes. Als ihr der Morgenstern Gutes getan

hatte, erlebt sie aber auch Pech – sie verliert das Hinkelbeinchen, den Schlüssel zum Glasberg. So kann es im Leben gehen. Sie ersetzt den verlorenen Schlüssel durch ein Stück von
ihrem Leib, sie trennt sich einen Finger ab. Sie setzt sich im
vollen Sinne des Wortes „mit Leib und Seele" für die Lösung
des menschlichen Problems, für die Erlösung ihrer Brüder
und Eltern ein. Bei ihr fügt sich dann letztlich alles zum Guten.

Ist nicht auch dieses Mädchen – für ihre Brüder und ihre
Eltern – wie ein Christus in weiblicher Gestalt? Ist sie nicht
wie eine Tochter Gottes, die stellvertretend wieder zurecht-
rückt, was ihren Eltern und Brüdern durch ihre menschlichen
Schwächen und Fehler zum Verhängnis geworden war? Sie
geht den Verlorengegangenen nach, begibt sich in Gefahren,
schont sich selbst dabei nicht und heilt am Ende, was kaputt-
gegangen war. Auch dieses junge Mädchen könnten wir
Christa nennen.

Abb. 18: Die sieben Raben
(Oskar Herrfurth, 1862-1934)

Der Hirte und die Fee
Ein italienisches Märchen

Auf einer Insel hütete ein Hirte seine Schafe. An einem Wiesenrand schlief er ein. Als er wieder erwachte, sah er viele weiße Wäschestücke auf der Wiese ausgebreitet.

Abb. 19: Die Rasenbleiche (Max Liebermann, 1882)

Er ging hin und sah, dass sie schon getrocknet waren. Da hob er sie sorgsam auf, legte sie zusammen und trug sie in seine Hütte. Als er wieder zu den Schafen zurückgekehrt war, erschien da ein Mädchen, das suchte die Wäsche. Schnell lief der Hirte in seine Hütte und brachte die Wäsche heraus. Freundlich gab er sie dem Mädchen.

„Was verlangst du für diesen Dienst?", fragte das Mädchen. Der Hirte lächelte, wusste aber keinen Wunsch zu sagen. Da blickte das Mädchen auf seine Herde und sprach: „Geh nach Hause und sage zu deinen Schafen: Joiana, biala, joiana, ciarna!" Dann verschwand es. Es muss wohl eine Fee gewesen sein.

Der Hirte folgte ihren Worten, ging heim und sprach: „Joiana, biala, joiana, ciarna!" Da blökte es auf allen Seiten: Mäh, mäh, mäh – und je öfter er die Worte der Fee wiederholte, desto mehr Schafe versammelten sich um ihn. Er ging mit ihnen auf einen Berg. Dort drehte er sich um und sah viele Schafe, weiße und schwarze, aus dem Meer steigen und ihm nachlaufen. Also wurde er ein reicher Hirte und lebte glücklich, bis an sein Ende.

Abb. 20 Hirte mit Schafen

Theologische Gedanken zum Märchen
„Der Hirte und die Fee"

Der gute Hirte. Er wird auch seine Probleme gehabt haben. Aber irgendwie scheint er mit sich selbst im Reinen gewesen zu sein. Ihm fällt kein Wunsch ein. Dass er am Ende mit so unendlich vielen Schafen beschenkt wird, ist eigentlich überflüssig. Aber der unerwartete Reichtum schadet ihm offenbar nicht. Er lebt glücklich bis ans Ende seiner Tage.

Wäre dieser Mann nicht ein idealer Ehemann gewesen? Er sieht von sich aus, was zu tun ist – im Haushalt, könnten wir sagen. Er legt die trockene Wäsche sorgfältig zusammen und verwahrt sie sicher in seiner Hütte. Traumhaft! Diese fürsorgliche Aufmerksamkeit lässt er nicht seiner Ehefrau zukommen – er hat ja keine. Er tut hier etwas Gutes gegenüber Unbekannt – ohne Hintergedanken. Er hat keine heimlichen Erwartungen bezüglich irgendeiner eventuellen Anerkennung.

Ist das nicht eine wahrhaft christliche Art? Aufmerksam gegenüber jedermann und uneigennützig. Er ist ein guter Hirte – nicht nur für seine Schafe.

Bedarf dieser Mann noch der Erlösung? Von irgendwas vermutlich schon. Aber eine gewisse Stufe der Erlösung hat er bereits erreicht. Er ist mit seinem bescheidenen Leben offensichtlich zufrieden. Er wirkt wunschlos glücklich. Hat er nicht doch irgendwelche Wünsche, Erwartungen, Hoffnungen? Mag sein. Er unternimmt diesbezüglich aber keine Anstrengungen. In ihm erfüllt sich vielmehr ein biblisches Wort, das besagt: „Wer gibt, der empfängt." Oder noch theologischer formuliert: „Trachtet zuerst nach dem Reich Gottes, so wird euch alles andere zufallen."

Abb. 21: Der gute Hirte

Sonntag, 22. November, 19 Uhr

Gemeindehaus St. Markus, Heider Str. 1
20253 Hamburg-Hoheluft

„Licht am Ende des Weges"

Märchen theologisch interpretiert 2015

Am Beginn der dunklen Jahreszeit,
am Totensonntag,
ein Abend mit Märchen
aus Schweden, Nordamerika, Argentinien,
Frankreich, Rumänien,
aus dem Orient und von den Inuit

Mit
Hanna Margarete Schilling u. Ellen-Marie Langholz
(Erzählerinnen)

Wolfgang Nein, Pastor i.R.

Elisabeth Lehmann, Gesang
Henning Albrecht, Klavier

Eintritt frei, Spende erbeten

Programm

Gesang:

Mondnacht (Robert Schumann)

Märchen:

Die drei goldenen Haare (Rumänien)

Märchen:

Der Tod auf dem Markt (orientalisch)

Gesang:

O wüsst ich nur den Weg zurück (Johannes Brahms)

Märchen:

Die Beutelratte, die sich fledermauste (Nordamerika)

Theologie

Märchen:

Die Skelettfrau (Inuit)

Gesang:

Sei stille dem Herrn (Felix Mendelssohn-Bartholdi)

Pause

Gesang:

Der Tod und das Mädchen (Franz Schubert)

Theologie

Märchen:

Der Tod und das Knäckebrot (Schweden)

Gesang:

Pie Jesu, Domine (Gabriel Fauré)

Märchen:

Der Spiegel, der ins Jenseits führt (Argentinien)

Märchen:

Der Tod im Pflaumenbaum (Frankreich)

Gesang: In Paradisum, Gabriel Fauré

Jüdischer Witz

Gemeinsames Lied: Bleib bei mir, Herr

Die drei goldenen Haare
Ein Märchen aus Rumänien

Es war einmal ein alter, tief gebeugter Mann, der zur finstersten Stunde der Nacht durch einen dunklen Wald ging. Die Baumäste peitschten sein verwittertes, vom Alter grau und welk gemachtes Gesicht, und so stolperte er über die Baum

Abb. 22: Alter Mann im Wald

wurzeln auf seinem Weg, stürzte zu Boden, rappelte sich mühsam wieder auf und ergriff seine Laterne, in der ein fast gänzlich abgebrannter Kerzenstummel bedrohlich im Winde flackerte.

72

Mit letzter Kraft schleppte der Greis sich durch das Unterholz, ächzend und stöhnend zwang er sich voran, denn zwischen den Baumstämmen konnte er in der Ferne einen Lichtschein ausmachen und manchmal das Rauchwölkchen eines gemütlich schmauchenden Schornsteins, und so wusste er, dass es ein Haus im finsteren Walde gab, in dem er vielleicht Zuflucht finden und eine Weile ausruhen könnte.

Die Kerze in seiner Laterne war vollends niedergebrannt, als der Greis endlich die Tür der Waldhütte erreichte, sie aufstieß und entkräftet zu Boden sank. Im Inneren der Hütte saß eine alte Frau vor einem lustig prasselnden Feuer. Und nun eilte sie herbei, hob den alten, gebrechlichen Mann mit ihren starken Armen auf und trug ihn zu ihrem Schaukelstuhl. Im Schaukelstuhl ließ sie sich vor dem prasselnden Feuer nieder, und wiegte den Greis auf ihrem Schoß wie ein Kind. „Nu na, nu na", summte sie und wiegte den Alten in den Schlaf.

Die ganze Nacht lang wiegte sie ihn und sang dazu ein altes Lied, und noch bevor der Morgen graute, war der Greis mit dem schlohweißen Haar zu einem Jüngling geworden, einem wunderschönen Mann mit kräftigen Gliedmaßen und goldenen Locken. Der Jüngling schlief in ihren Armen, und die Alte sang weiter: „Nu na, nu na, nu na."

Und als die Morgendämmerung nahte, war der junge Mann zu einem Knäblein mit einem goldglänzenden Haarschopf geworden, und im Augenblick, da die Nacht dem Morgen wich, zupfte die alte Frau drei Haare aus dem Goldschopf des Kindes und warf sie auf die Fliesen ihrer Stube. „Ping, ping, ping", machte es, als die drei goldenen Haare die Kacheln trafen. Bei diesem Laut krabbelte das Kind vom Schoß der Alten und lief zur Tür. Der Knabe mit dem Goldhaar drehte sich noch einmal zu der Frau um, lächelte wie der Sonnenschein und flog zum Himmel auf, um zur Morgensonne selbst zu werden.

Der Tod von Isfahan
Ein Märchen aus dem Orient

Es war einmal ein Sultan, der war schön, reich und noch jung an Jahren. Eines Morgens ging er – wie stets um diese Zeit – durch seine Gärten.

Da begegnete ihm neben einem blühenden Jasminstrauch der Tod. Der sah ihn erstaunt an und riss die Arme hoch, so dass der Sultan glaubte, er wolle ihn packen. Der Schreck fuhr ihm wie ein Blitz in die Glieder. Er machte auf dem Absatz kehrt, lief zum Stall, schwang sich auf sein bestes Pferd und ritt davon. Er wollte nur eines: dem Ort des Todes entfliehen. Den ganzen Tag ritt er, so schnell das Pferd konnte, bis er abends in Isfahan ankam, einer Stadt, die am äußersten Ende seines Reiches lag.

Abb. 23: Arabischer Reiter

Erschöpft stieg er vom Pferd. Da trat der Tod auf ihn zu, begrüßte ihn und sprach: „Da bist du ja endlich, Sultan von Bagdad. Ich war erstaunt, dich heute morgen in deinem Palast zu sehen, wo ich dich doch heute Abend hier in Isfahan erwartete."

74

Die Beutelratte, die sich fledermauste
Ein Indiomärchen aus Südamerika

Es war einmal eine Beutelratte, die war ihr altes Leben müde. Da sagte sie sich: „Ich bin zu alt für dieses Rattenleben und zu langsam, meine Beine sind schwer und wollen mich nicht mehr. Es ist Zeit, dass ich mich verwandele. Aber was soll ich werden? Ich will im Dunkeln meine Wege finden, ohne dass man mich sieht. Soll ich also eine Schabe werden? Lieber nicht. Die Leute würden mich verachten und zertreten. Soll ich eine Schlange werden? Ach nein, dann wird man mich fürchten und hassen.

Ich will eine Fledermaus werden! Die fliegt durch die Nacht und frisst reife Bananen!"

Abb. 24: Beutelratte (Yamil Hussein E.)

Und dann ging die alte Ratte daran, sich zu fledermausen. Mit ihrem langen Schwanz und ihren Hinterpfoten hielt sie sich fest an einen Zweig und hängte sich Kopf nach unten auf, wie Fledermäuse das tun. Aber da bekam sie einen Schluckauf.

Eine Fledermaus, die vorüberflog, hörte, wie sie schluckte und schluckte. Sie flatterte um die Ratte herum. „Was machst du denn da?", fragte sie, „willst du dich über mich lustig machen?" – „Nein!", sagte da die alte Ratte, „ich will mich nicht über dich lustig machen. Ich will mich fledermausen!"

„Wir Fledermäuse haben keinen Schwanz", sagte die Fledermaus.

Da warf die Ratte ihren Schwanz ab und hielt sich nur noch mit den Hinterpfoten fest.

„Wir Fledermäuse brauchen keinen Beutel!"

Da warf die Ratte ihren Beutel fort.

„Wir Fledermäuse haben Flügel!"

Da dehnte und dehnte die Beutelratte ihre alte Haut und spannte neue Flügel aus.

Die Fledermaus flog davon und sagte zu ihrem Volk: „Denkt euch, was ich gesehen hab'. Dahinten ist eine Beutelratte, die sich fledermaust. Sie will sich verwandeln, um mit uns zu leben. Lasst sie in Ruhe, dass sie sich verwandeln kann."

Da riefen alle Fledermäuse: „Eine Ratte, die sich fledermaust! Eine Ratte, die sich fledermaust! Los, los, das müssen wir sehen!" Und sie flogen alle dorthin und sahen die Beutelratte, die da hing und sich fledermauste.

„Ratte, Ratte, hast du dich schon verwandelt?", fragten sie.

„Ja, verwandelt hab' ich mich schon", sagte die Ratte, „und jetzt möchte ich fliegen. Aber ich fürchte mich."

„Fürchte dich nicht, Ratte!", riefen die Fledermäuse. „Fliege! Es ist wunderschön." Die alte Ratte wollte gern fliegen, aber sie fürchtete sich und zitterte und war ganz schwer vor Angst und blieb hängen.

„Hab keine Angst", riefen die Fledermäuse „wir werden

dich das Fliegen lehren. Breite nur deine Arme aus, lass deine Flügel schwingen und dann lass dich fallen – und du wirst fliegen!"

Da spannte die alte Ratte ihre neuen Flügel aus, sie lässt sie schwingen, lässt sich los – sie fliegt! „Wunderschön ist es!", ruft sie und fliegt davon durch die Nacht. Wir können sie nicht sehen, aber sie sieht uns auch im Dunkeln. Sie findet Bananen, mehr als genug, und die reifen, die frisst sie.

So hat die alte Beutelratte sich gefledermaust. Ein alter Indianer hat's erzählt. In seinem Land ist es geschehen.

Abb. 25: Fledermaus

Theologische Gedanken zu den Märchen
„Der Tod von Isfahan"
„Die drei goldenen Haare"
„Die Beutelratte, die sich fledermauste"
„Die Skelettfrau"

Der Tod von Isfahan

Wer lebt, wird sterben. Das ist so.
Daran lässt sich nichts ändern.
Wir können versuchen, dem Tod davonzulaufen.
Der Wesir unseres Märchens hat versucht,
ihm davonzureiten.
Vergeblich.
Ganz egal, wohin wir uns begeben:
Der Tod erfasst uns überall.
Wir können versuchen, das Sterben hinauszuschieben.
Das können wir und das dürfen und das sollen wir.
Aber früher oder später hat uns der Tod zu fassen.
Es ist da eine Macht,
die stärker ist als alles Menschliche.
Eine geheimnisvolle Macht.
Sie kann uns bedrohen.
Sie kann uns Angst machen.
Sie kann uns zerstören.
Sie kann uns aber auch erlösen.
Wir spüren die Macht täglich -
mit ihren beiden Seiten.

Die drei goldenen Haare

Sie lässt uns im Laufe des Tages schwächer werden.
Sie nimmt uns schließlich alle Kraft

und streckt uns nieder –
die sanfte Gewalt Gottes –
und wir fallen in den Schlaf,
ob wir wollen oder nicht.
Aber dann
lässt sie neue Kraft in uns wachsen,
als würden wir von neuem geboren.
Der kleine Tod
und die tägliche Auferstehung.

Der alte Mann unseres Märchens
sinkt erschöpft in die Arme der Lebensmutter
und erhebt sich am Morgen
jung und kraftvoll der Sonne entgegen.
Über die Jahre
wird unsere Kraft dann aber doch geringer.
Der Nachtschlaf verschafft uns nicht mehr die gewohnte
Erholung.
Das Aufstehen wird mühsam.
Und die gewohnte tägliche Auferstehung
zu neuem beschwingten Leben
wandelt sich zur Sehnsucht.

Die Beutelratte, die sich fledermauste

In der letzten Runde noch einmal etwas erleben,
etwas Neues, Schönes, Gewagtes.
Sich lösen von der zunehmenden Erdenschwere
und leicht dahinschweben über allem.

So mutig hätte die Beutelratte unseres Märchens
vielleicht schon längst einmal sein sollen.
Aber –

erst im Angesicht des nahen Endes
geht sie in sich und fragt sich:
„Was soll ich werden?"
Und sie entdeckt erstaunliche Kräfte in sich,
die ihr bisher verborgen waren.
„Lehre uns bedenken, dass wir sterben müssen,
auf das wir klug werden!",
hat ein biblischer Beter gebetet.
Rechtzeitig daran denken,
dass wir hier nur dieses eine Leben haben!
Das mag die vielen Gaben in uns entfalten,
die viel zu wertvoll sind,
als dass wir uns erst am Ende auf sie besinnen.

Die Skelettfrau

Tod und Auferstehung
sind Teil unserer täglichen Lebenserfahrung.
Sie sind auch Teil unserer eigenen Lebensgestaltung.
Wir selbst können den Tod bewirken.
Und wir können dem Leben dienen.

Ein Vater tötet seine Tochter,
wie wir gleich hören werden.
Warum?
Warum?
Diese Frage entfährt uns hundertfach und tausendfach
und millionenfach,
wenn wir an all das Leid denken,
das Menschen einander zufügen.
Ein Vater tötet sein Kind zur Strafe.
Das geschieht heute auf unserem Erdball –
immer wieder.

Es geschah auch vor langer, langer Zeit.
Der Schöpfer selbst,
so wird uns überliefert,
habe die von ihm geschaffenen Menschen
untergehen lassen und zu Tode gebracht,
weil er sie für böse befand.
„Das kann nicht sein",
haben uns andere überliefert.
Und sie erzählen die Geschichte neu:
Wie sich der strafende Gott eines Besseren besinnt
und sich seines unvollkommenen Geschöpfes erbarmt.

Wir sind alle keine reinen Engel.
Wir sind im Innersten gespaltene Persönlichkeiten,
schwankend zwischen Gut und Böse.
Aber wer uns mit den Augen der Liebe betrachtet,
der kann uns heil machen,
und all das, was in uns kaputt ist,
zusammenfügen zu einem schönen Ganzen.
Das ist die christliche Botschaft.
Und wir werden es im nächsten Märchen hören.

Abb. 26: La mujer esqueleto
(Abdruck mit freundlicher Genehmigung von Daniel Tornero)

Die Skelettfrau
Ein Märchen der Inuit

Was war geschehen? Warum hat er es eigentlich getan? Es ist schon so lange her: Ein Vater hat seine Tochter zur Strafe von einem Felsvorsprung ins Eismeer hinabgestoßen. Sie ist ertrunken und nie mehr aufgetaucht. Im Meer ist sie geblieben. Das Fleisch, die kohlschwarzen Augen von den Fischen abgenagt, von der Strömung um- und um- und umgetrieben.

„Dort in der Bucht, da ist es unheimlich," erzählten sich die Leute, „da geht der Geist der Skelettfrau umher." – „Ihr dürft da nicht fischen!", flüsterten die Frauen ihren Männern zu.

Eines Tages kommt ein junger Fischer in die Gegend. Er ist fremd hier. Er baut einen Iglu, nimmt sein Angelzeug, setzt sich ins Kajak und rudert in die Bucht. Weit hinaus wirft er seine Angelschnur, sie sirrt in der Luft, taucht ins Wasser ein und – ihr ahnt es – verhakt sich in den Rippen der Skelettfrau.

Die See ist unruhig. Das Kajak tanzt auf den Wellen. Der junge Fischer sitzt in seinem Kajak und wartet. Bewegt sich da die Angelschnur, ruckelt sie? Er zieht ein wenig daran. Es ist schwer. „Oh, da ist wohl ein großer Fisch daran, ich habe Glück. Da habe ich lange Vorrat." Er dreht an der Kurbel, die Angelschnur spannt sich, er zieht und dreht, er kurbelt und kurbelt. „Aihh, Aihhjeijei, was ist das!? Das ist ja scheußlich!"

Mit seinem Paddel schlägt er auf das Knochengewirr ein, das da an seiner Angel hängt. Doch die Schnur, seine wertvolle Angelschnur, hat sich verwickelt, vollkommen verheddert. Er packt sein Paddel und rudert durch die aufgewühlte See. „Fort von hier. Ans Ufer, raus aus dem Kajak!" Mit der Angel in der Hand läuft er über das Eis, das Skelett klappert hinter ihm, schlägt auf dem Boden auf. Doch er hört nichts, er rennt und rennt, schleift die Skelettfrau mit sich, über Fische, die zum Trocknen ausgelegt sind. Sie packt ein paar der Fische, steckt sie sich in den Mund. Wie lange hat sie keine Menschenspeise mehr zu sich genommen.

Da ist er bei seinem Iglu, er stolpert hinein, in die Dunkelheit, in die Stille. Vollkommen erschöpft sinkt er auf sein Felllager.

Er richtet sich auf, tastet nach seiner Öllampe, zündet sie an. Da erst getraut er sich, das Knochengewirr zu betrachten. Ein völliges Durcheinander. Ein Knie steckt zwischen den Rippen, ein Fuß hängt über einer Schulter, der Kopf ist zur Seite gerollt.

Langsam steht der Fischer auf und – ich kann euch gar nicht so recht sagen, was ihn dazu bewegt hat: Ist es die Einsamkeit, die Stille, das warme Licht der Öllampe? Ein Gefühl, Mitleid entsteht in ihm.

„Na, na – na, na murmelt er", und er beginnt, die Knochen zu entwirren, behutsam zurechtzurücken, zu sortieren. Am Ende deckt er die Skelettfrau zu, mit einem warmen Fell, und fällt, neben ihr liegend, in einen tiefen Schlaf, der Gute.

Da rinnt ihm – wohl im Traum – eine Träne die Wange

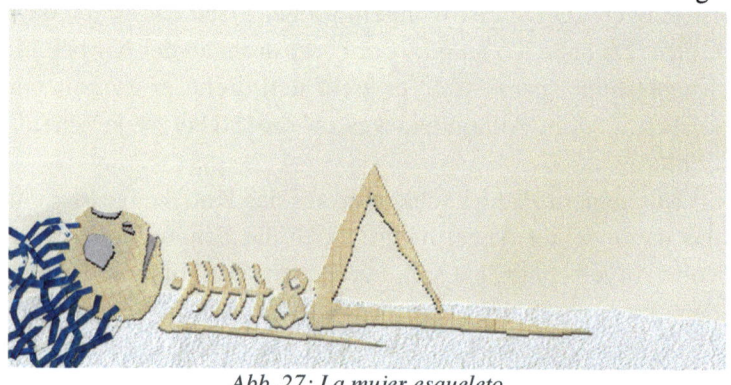

Abb. 27: La mujer esqueleto
(Abdruck mit freundlicher Genehmigung von Daniel Tornero)

herunter. Die Skelettfrau bringt ihren Mund nahe an seine Wange. Sie trinkt und trinkt und trinkt das salzige Wasser des Lebens.

Mit ihren knochigen Händen beginnt sie zu trommeln auf seine Brust, auf das Herz, das da ebenmäßig und ruhig in seiner Brust klopft. Und sie singt dabei: „Oh Herz, mein Herz, mein Fleisch, Haut, Haut…" Alles ertrommelt sie sich, ersingt sie sich, alles was sie braucht: einen dichten Haarschopf, kohlschwarze Augen, eine gute Nase, feine Ohren, breite Hüften, starke Hände, viele Fettpolster überall und warme große Brüste.

Dann singt sie dem jungen Fischer die Kleider vom Leib und kriecht zu ihm unter die Decke, unter das warme Fell. Sie schmiegt sich an ihn, Haut an Haut.

So schlafen die beiden, eng umschlungen und so erwachen sie auch.

Die Leute sagen, dass die beiden von diesem Tag an nie Mangel leiden mussten. Die Geschöpfe des Meeres, die Freunde der Frau, ernährten und beschützten sie.

So sagt man bei den Inuit, und viele der Leute glauben es heute noch.

Abb. 28: Iglu (Alpo Hassinen)

Theologische Gedanken zu den Märchen

„Der Tod und das Knäckebrot"
„Der Spiegel, der ins Jenseits führt"
„Der Tod im Pflaumenbaum"

Den Tod gäbe es nicht, wenn es das Leben nicht gäbe.
Wäre es besser, nicht zu leben,
um nicht sterben zu müssen?
Wenn wir diese Frage stellen, sind wir schon da –
inmitten des Lebens.
Und mitten im Leben sind wir vom Tod umfangen.
Ob wir arm sind oder reich,
ob wir einfältig sind oder schlau,
ob wir gut sind oder böse –
wir werden sterben.
Damit müssen wir leben.
Wir dürfen leben.
Das Leben ist ein wunderbares Privileg,
ein großartiges Geschenk.
Es ist jeder Mühe wert,
das Sterben hinauszuschieben.
Wir geben damit dem Leben die Ehre.
Wir geben damit der Liebe die Ehre.
Wir geben damit dem Schöpfer die Ehre.

Der Tod und das Knäckebrot
Der Tod im Pflaumenbaum

Wie wir noch hören werden:
Der kleine Junge –
Er lässt sich etwas einfallen.
Er möchte seinen geliebten Vater nicht verlieren.
Und die alte Dame:

Sie liebt das Leben.
Sie möchte noch mehr davon.
Auch sie hat sich etwas einfallen lassen.
Der Schöpfer könnte stolz sein auf die beiden.
Der kleine Junge und die alte Dame:
Sie haben beide das Leben erfolgreich verlängert.
Aber irgendwann wird der Vater doch sterben.
Und die alte Dame wird sterben.
Sie wird sterben wollen –
lebenssatt – nach einem erfüllten Leben.
So wie der alte Simeon des Lukasevangeliums.
Er war bereit zu sterben,
als er das neugeborene Christkind in den Armen hielt.
Der Wunsch seines Lebens hatte sich erfüllt.

Der Spiegel, der ins Jenseits führt

Aber wenn wir noch nicht so weit sind …
Wenn wir noch jung sind …
Wenn uns der Tod überfällt …
Wenn uns der Tod einen geliebten Menschen entreißt …
Die junge Frau – wir werden sie noch kennenlernen:
Sie war noch nicht so weit.
Es war so schön gewesen mit ihrem Mann!
Das Leben kann so schön sein!
Die Liebe kann so schön sein!
Aber –
wenn wir viel Gutes haben,
haben wir auch viel Gutes zu verlieren.
Wieder hergeben müssen, schmerzt.
Loslassen müssen, tut weh.
Wer liebt, wird leiden.
Wäre es besser gewesen,

sich gar nicht erst zu verlieben,
um das Leiden zu vermeiden?
Das Leben ist es wert,
um der Liebe willen zu leiden.
Die Trauer kann trösten.
Noch einmal alles Schöne durchleben –
in der Tiefe des Herzens.
Im Herzen die Liebe noch einmal durchleben –
und wachsen lassen,
was die Liebe zu schenken vermag:
neues Leben.
Wachsen braucht Zeit.
Die Trauer braucht Zeit.
Die junge Frau brauchte drei Monate,
um mit ihrem verstorbenen Mann
noch einmal zu leben –
in der Tiefe ihres Herzens.
Und es dauerte weitere neun Monate,
bis ihr altes Leben neues Leben gebar.
Die Liebe geht nicht unter.
Sie kann leiden,
aber sie kann nicht zunichtegemacht werden.
Wenn sie zu Grabe getragen wird,
wächst sie neu
aus der Tiefe.
Die Liebe ist stärker als der Tod.
Das Leben ist stärker als der Tod.
Wir werden es hören.

Der Tod und das Knäckebrot
Ein Märchen aus Schweden

Es war einmal – oder war es nicht? Etwas muss gewesen sein, man erzählt es sich ja!

Es waren einmal ein Mann und eine Frau, die hatten ein einziges Kind, einen Jungen. Sie waren sehr arm. Der Mann arbeitete hart, den ganzen Tag, von früh bis spät, doch immer war Schmalhans Küchenmeister. Es kam, wie es kommen musste: Der Mann wurde krank. Die Frau pflegte ihn, so gut sie konnte, und sie arbeitete für zwei, doch der Mann wurde kränker und schwächer.

Da saß sie mit ihrem Sohn an seinem Bett und hielt Wache. „Mutter, der Vater schläft so tief, warum wacht er nicht auf?" – „Ich weiß es nicht mein Kind." – „Der Tod macht sich auf den Weg", dachte die Mutter. Ganz still war es im Raum.

„Mutter!" – „Ja?" – „Hast du Knäckebrot?" – „Knäckebrot? Nein, wir haben nichts im Haus, bist du hungrig?" – „Nein Mutter, aber wenn man das Knäckebrot knabbert, dann macht es Geräusche, es knackt und kracht, vielleicht wacht der Vater davon auf!" – „Vielleicht, vielleicht morgen, geh

schlafen, mein Kind."

Aber das Kind geht nicht schlafen. Es läuft hinaus zur Tür ins Dorf hinein, nur im Hemdchen. Es ist Winter, dunkel und kalt. Es klopft an jede Hoftür: "Habt ihr Knäckebrot? Der Vater, er schläft so tief, vielleicht wacht er auf, wenn es so knackt beim Essen, ich muss ihn wecken!" – „Geh fort, es ist dunkel!" – „Nach Hause mit dir, jetzt kann man nicht betteln." – „Mach, dass du fortkommst, wir haben selbst nichts." – „Hier hast du etwas Brot." – „Nein, das ist weiches Brot, ich brauche Knäckebrot, das knistert und kracht." An alle Türen des Dorfes hat er schon geklopft.

Abb. 29: Der Sensemann

Da sieht er am Ende der Straße ein Licht in einer Hütte. Er läuft darauf zu, die Tür lässt sich öffnen, das Kind tritt ein. Da sitzt ein Mann, ganz allein. Er hält eine Sense in der Hand und schleift das Sensenblatt mit einem Wetzstein. „Guten Tag, Onkel!" – „Guten Tag, Junge." – „Was bist du für einer, es ist doch gar keine Erntezeit, keine Zeit zum Sensen." – „Meine Ernte reift im Sommer und im Winter." – „Onkel, hast du Knäckebrot?" – „Ja, dort in der Ecke ist eine Tüte, die kannst du dir nehmen. Eine Frau hat sie hier vergessen." – „Und wenn die Frau wiederkommt?" – „Sie kommt nicht wieder. Komm wir wollen gehen, wir haben denselben Weg."

Zuhause eilt der Junge sogleich an das Bett des Vaters. Er bricht das Knäckebrot, beginnt zu knabbern. Doch der Vater rührt sich nicht. „Onkel, willst du ein Stück Knäckebrot?" Der Tod nimmt eine Scheibe und beginnt zu essen, und das knackt und kracht so herrlich lebendig im Raum.

Der Sand im Stundenglas rinnt, das obere Glas ist fast leer.

Einige Körnchen rieseln nur noch herunter. Da, jetzt hat der Tod den Moment verpasst, wo er seine Sense hätte schwingen können! Er hat keine Macht mehr über den Vater.

Der Tod steht auf, verlässt den Raum und geht in die Nacht hinaus.

Da öffnet der Vater langsam die Augen: „Mein Junge, du knabberst so schön, gib mir auch ein Stück von dem guten Brot!"

Und damit ist mein Märchen zu Ende.

Der Spiegel, der ins Jenseits führt
Ein Märchen aus Argentinien

Es war einmal ein junges Paar, sie liebten sich sehr, doch kurz nach der Hochzeit wurde der Mann sehr krank und nach wenigen Tagen starb er. Die junge Frau war außer sich vor Schmerz, sie weinte und klagte: „Warum hat er mich verlassen? Ach, hätte ich doch nur ein Kind von ihm! Dann wäre alles leichter zu ertragen. Dann wüsste ich, wofür ich lebe. Aber so wäre ich lieber tot."

Nun lebte in ihrem Haus auch die alte Amme der Frau. Die hatte das junge Paar bei sich aufgenommen. Die Alte nahm die weinende Witwe beiseite. „Luisa, Liebes", sagte sie, „es tut mir weh, dich so leiden zu sehen. Vielleicht kann ich dir helfen. Ich sage nur ‚vielleicht', denn ich bin mir nicht sicher. Aber in meiner Heimat erzählen die Leute sich Folgendes: Wer um einen lieben Toten trauert und sich danach sehnt, ihn wiederzusehen, der soll sich in einer Vollmondnacht vor einen großen Spiegel stellen mit einer brennenden Kerze in der

Abb. 30: Frau mit Kerze

linken Hand, dann wird er im Spiegel den sehen, um den er weint. Und die Leute sagen auch, man könne durch den Spiegel zu dem lieben Toten hinübergehen. Ob man aber auch wieder zurückkehren kann oder für immer auf der anderen Seite bleiben muss, das weiß ich nicht."

„Ach, das wäre mir ganz gleich", rief Luisa, „ich habe nichts zu verlieren, denn so allein will ich nicht länger leben.

Kann ich nicht zu ihm, dann gehe ich ins Kloster!"

So ist sie in der nächsten Vollmondnacht bis Mitternacht aufgeblieben, hat eine Kerze angezündet, in die linke Hand genommen und sich vor den großen Spiegel im Salon gestellt. Dann wartet sie und starrt und starrt auf das schimmernde Glas, aber sie sieht nichts als nur ihr Spiegelbild. Doch dann bewegt sich etwas im Spiegel, eine Tür geht auf, rasch schaut Luisa über ihre Schulter. Nein, die Tür zum Salon ist zu. Hinten im Spiegel hat sich eine Tür geöffnet, jemand tritt ein in das Spiegelbild. Ein Mann. Luisa geht ganz schnell an den Spiegel heran, jetzt erkennt sie ihn. Es ist ihr Mann.

„Luisa, Liebste", hört sie seine Stimme, leise, aber gut zu verstehen. „Ich kann nicht hinüber zu dir, aber du kannst zu mir, wenn du willst."

„Oh ja, das will ich, flüstert Luisa, aber wie? Was muss ich tun, Liebster?"

„Gib mir deine Kerze. Dann schließe die Augen und gehe geradeaus durch den Spiegel hindurch. Luisa presst ihre Linke mit der Kerze gegen das Spiegelglas und schließt die Augen. Ihr ist, als fühlt sie seine Finger auf ihrer Hand. Sie

lässt die Kerze los, doch die Kerze fällt nicht zu Boden. Noch einmal holt sie tief Luft und macht einen großen Schritt geradeaus. Sie spürt keinen Widerstand, nur einen leisen kalten Hauch. Noch einen Schritt weiter, dann nimmt jemand sie in die Arme und küsst sie: „Luisa, Liebste, schau mich an!" Luisa öffnet die Augen, und sie sieht ihrem Mann ins Gesicht. Lange stehen sie so, dann nimmt er sie bei der Hand und geht mit ihr aus dem Zimmer. Luisa schaut nicht zurück. Sie gehen durch eine langen dunklen Gang, dann wieder durch eine Tür hinaus in einen großen dämmrigen Park, weiter durch den dunklen Garten bis zu einem stillen Bach, über eine schmale Brücke zu einem kleinen Haus. Dort wohnt er.

Luisa bleibt bei ihm, sie weiß nicht, wie lange. Sie kann die Tage nicht zählen. Oft kommt ihr alles wie ein Traum vor, und doch spürt sie: Es ist wirklich wahr. Später konnte sie alles in dem Haus genau beschreiben, die Zimmer, die Möbel, das Essen. Nur an die Gesichter der Diener konnte sie sich nicht mehr erinnern, so sehr sie es auch versuchte.

Eines Tages merkt sie, dass sie schwanger ist. Am Abend erzählt sie es ihrem Mann: „Liebster, ich bekomme ein Kind!" Der schaut sie lange an: „Ja, das ist gut", sagt er, „endlich, aber nun wird es Zeit für dich, zurückzukehren in unser altes Haus, denn hier können keine Kinder geboren werden!"

„Kannst du nicht mit mir kommen?", hat Luisa gefragt. „Ein Stück kann ich dich begleiten. Aber nicht ganz hinüber. Doch sei nicht traurig. Nun werde ich dir ja immer nahe sein."

Dann nimmt er sie bei der Hand und geht mit ihr aus dem Haus, über die schmale Brücke, durch den dämmrigen Park, zurück bis zu dem langen dunklen Gang. Dort zündet er eine Kerze an und umarmt und küsst Luisa noch einmal. „Nun schließe deine Augen", sagt er, „und gehe sieben Schritte geradeaus. Auf Wiedersehen. Und Gott behüte dich!"

Luisa schließt die Augen und geht weiter, einen Schritt,

zwei Schritte, drei, vier, fünf, sechs, sieben. Dann macht sie die Augen auf. Sie ist wieder im Salon ihres alten Hauses. Sie schaut zurück, im Spiegel sieht sie ihren Mann. Er hält die Kerze in der Linken und winkt ihr noch einmal zu. Dann dreht er sich langsam rum, geht durch die Tür und verschwindet in dem langen dunklen Gang.

Und da war es stockfinster im Spiegel und im Salon. Luisa tastete sich bis in den Flur. Da kam ihr auch schon eine Dienerin entgegen: „Herrin!", hat die gerufen, „seid ihr endlich zurück von eurer Reise? Aber warum mitten in der Nacht? Und wo seid ihr so lange gewesen?" – „Ich war bei meinen lieben Mann", hat Luisa gesagt, und da hat die Dienerin sie nur so seltsam angesehen und geschwiegen.

Am nächsten Morgen stellt Luisa fest, dass sie drei Monate fort gewesen war. Dann hat sie ihrer alten Amme alles erzählt. „Es stimmt also doch", hat die gesagt. „Aber warum bist du zurückgekommen?" – „Weil ich ein Kind erwarte." – „Ja", sagte die Alte, „daran habe ich nicht gedacht. Das Leben geht weiter."

Abb. 31: Frau mit Kind
William Adolphe Bouguereau, 1879

Etwa ein Jahr nach dem Tod ihres Mannes hat Luisa einen gesunden Jungen geboren. Es muss viel Gerede darum gegeben haben. Doch irgendwie hat Luisa es geschafft, dass das Kind als Sohn ihres verstorbenen Mannes anerkannt wurde.

Der Tod im Pflaumenbaum
Ein Märchen aus Frankreich

Da war einst eine alte Frau. Sie war bei jedermann beliebt. Sie half, wo sie konnte, und fand stets die rechten Worte des Trostes. Trotz ihres Alters war sie munter und vergnügt. Kam ein Bettler, so lud sie ihn zum Gastmahl.

Eines Tages klopfte ein Heiliger – seinen Namen habe ich vergessen – als Bettler verkleidet an ihre Tür: „Habt ihr etwas zu essen für mich?" – „Tretet ein, hier, bitte setzt Euch." Sie stellte einen Teller auf den Tisch und füllte ihn mit warmer Suppe. Sie plauderten über dies und das, und der Heilige blieb über Nacht.

Am nächsten Morgen setzte er seine Reise fort. Doch bevor er sich wieder auf den Weg machte, sprach er zu der Alten: „Ihr seid in eurem Leben so gut und freundlich zu jedermann gewesen, nun sollt Ihr einmal ein Geschenk erhalten. Ihr habt einen Wusch frei. Einen einzigen Wunsch, bedenkt ihn gut, er wird euch erfüllt werden."

Die Alte setzte sich in ihren Lehnstuhl und schaute zum Fenster heraus in ihren Garten. „Was soll ich mir wünschen?", dachte sie. „Seligkeit? Was soll mir das nützen? Reichtum Jugend? Ach nein, ich bin doch sehr zufrieden mit dem, was mir das Leben geschenkt hat."

Da huschte plötzlich ein verschmitztes Lächeln über ihr Gesicht: „Nun weiß ich es! Guter Herr, seht ihr da draußen meinen Pflaumenbaum? Bald sind die Pflaumen wieder reif, und ich freue mich schon darauf, Marmelade, Kompott, Pflaumenkuchen, ein Schnäpschen daraus zu machen. Doch in jedem Jahr, kaum dass die Pflaumen reif sind, kommen die Kinder des Dorfes, klettern in den Baum, stopfen sich die Taschen und die Münder voll. Ich schimpfe mit ihnen, doch sie lachen nur über mich. Jetzt wünsche ich mir ein Zauberwort:

Abb. 32: Der Tod im Pflaumenbaum
(Abdruck mit freundlicher Genehmigung von Bjoern Candidus und Gerd J. Pohl)

Wenn ich sage: ‚Klebenbleiben', dann sollen sie im Baum kleben, und wenn ich sage: ‚Loslassen', dann dürfen sie wieder herunter." Und die Alte lachte schon in der Vorfreude über ihren Spaß. „Das ist ja ein ungewöhnlicher Wunsch", sprach der Heilige, „aber er soll dir gewährt werden." Damit zog er davon.

Und wirklich: Kaum, dass die Pflaumen reif waren, kletterten die Kinder des Dorfes in die Äste und pflückten und lachten. „Klebenbleiben!", zischelte die Alte. Da schrien die Kinder und zappelten und zerrten aneinander. Doch sie rührten sich nicht von der Stelle. „Loslassen!", flüsterte sie, und – hast du nicht gesehen – sprangen sie vom Baum herunter und rannten in das Dorf. Der Spuk sprach sich schnell herum, und die Alte hatte einige Jahre große Freude an der reichhaltigen Pflaumenernte.

Eines Tages aber klopfte der Tod an ihre Tür: „Komm, gute Alte, es ist Zeit für Dich zu gehen." – „Ja", sprach die Alte, „ich habe dich schon erwartet, doch – und ein Lächeln huschte über ihr Gesicht – eine Bitte habe ich noch, eine kleine Bitte. Sieh dort in meinem Garten, in diesem Jahr gibt es so viele saftige Pflaumen. Kannst du einmal in den Baum klettern und für mich zum letzten Mal eine Handvoll Pflaumen pflücken?" – „Wenn's weiter nichts ist", dachte der Tod, „den Wunsch kann ich ihr wohl erfüllen." Er stieg hinauf in den Baum. „Klebenbleiben!", flüsterte die Alte. Und da hockte der Tod im Pflaumenbaum, fluchte, zeterte, schimpfte und keifte, doch er saß wie angewurzelt und konnte sich nicht von der Stelle rühren.

In den nächsten Monaten ging die Alte fröhlich ihrem Tagewerk nach. „Habe ich ihm doch ein Schnippchen geschlagen!", dachte sie. Die Menschen waren anfangs erfreut, brauchte doch niemand mehr den Tod zu fürchten!

Doch schon bald geschah es, dass manche den Tod für sich

oder für ihre Lieben herbeisehnten. Davon hörte auch die Alte.

Eines Tages aber spürte auch sie, dass ihre Lebenskräfte schwanden, da setzte sie sich in ihren Lehnstuhl, schaute in den Garten und flüsterte: „Loslassen!" Da erschien der Tod und nahm sie heim.

Sonntag, 6. November

Väter – Söhne – Märchenhelden

Märchen theologisch interpretiert 2016

Ein Abend mit
Märchen und Musik

Abb. 33: Vater und Sohn

Mit
Hanna Margarete Schilling & Ellen-Marie Langholz
Erzählerinnen

Wolfgang Nein, Pastor i. R.

Chor: „Die Adjuvanten"
Linde Müller-Blaak, musikalische Leitung

Ablauf

Märchen:

Vater Bär und seine Lausbuben (Russland)

Musik:

Frisch gesungen (F. Silcher, A. v. Chamisso)

Märchen:

Der Geist im Glas (Gebrüder Grimm)

Musik:

Abendlied (R. Volkmann, H. C. Andersen)

Märchen:

Das Geschenk für den Vater (Ukraine)

Theologie

Musik:

Trinkspruch

Pause

Märchen:

Der Prinz mit den Eselsohren (Portugal)

Musik:

Der Erlkönig (F. Schubert, J. W. v. Goethe)

Märchen:

Die drei Federn (Gebrüder Grimm)

Musik:

Guter Mond, du gehst so stille
(Arr. Comedian Harmonists)

Theologie

Musik:

La-le-lu (Heino Gaze, Arr. Kurt Gerhardt)

Märchen:

Der Storch und seine Kinder (Litauen)

Ein Witz

Vater Bär und seine Lausbuben
Ein Märchen aus Russland

Ein Bärenvater hatte Buben, zwei Lausbuben, er hatte aber keine Frau mehr. Das brachte Probleme mit sich: Immer, wenn er in den Wald ging, um Futter zu holen, blieben sie allein und trieben Unfug. Sie sprangen in Wasserpfützen, kämpften miteinander, tollten herum, schrien und lachten.

Eines Tages – der Vater war wieder im Wald, Honig zu suchen –, fanden sie ein prächtiges Drecksloch, voll mit Schlamm und Matsch.

Die beiden stellen sich an den Rand der Schlammpfütze, fassen sich an den Pfoten: „Eins, zwei, drei und rein!" Und gleichzeitig springen sie in die Pfütze hinein, stampfen und platschen im Dreck herum: Plitsch, platsch, plitsch, platsch! Sie bewerfen sich mit Matsch. Ihr könnt euch denken, wie die beiden ausgesehen haben!

Just in dem Moment kommt Frau Fuchs, die elegante Frau Fuchs vorbei, ihr Handtäschchen am Arm: „Was seid ihr für schreckliche Kinder! Unglaublich! Was wird euer Vater wohl dazu sagen?" – „Das ist uns so lang wie breit, Frau Pinselschwanz, Frau Pinselschwanz!", krähen die Bärchen zurück.

Am selben Abend klopft die Frau Fuchs an die Tür der Bärenhöhle: „Herr Bär, was haben Sie für freche Kinder! ‚Pinselschwanz' haben sie hinter mir hergerufen, so verdreckt, wie sie waren! Passen Sie besser auf ihre Brut auf. So geht das nicht weiter!" – „Ja, Frau Pinsel, ja, Sie haben wirklich Recht", antwortet der Vater. Die Frau Fuchs hängt sich ihr Täschchen wieder über den Arm und geht davon.

Der Vater Bär bringt seine Buben zu Bett, setzt sich in seine Höhle und denkt nach: „Ich darf meine Kinder nicht mehr alleinlassen. Ich brauche jemanden, der sie hütet, wenn ich in den Wald gehe. Aber wo finde ich einen Helfer?"

Abb. 34: Zwei spielende Bären im Bärengraben von Bern
(Franz Nikolaus König, 1765-1832)

Er dachte lange nach, aber es fiel ihm niemand ein. Bären
leben allein, ohne Nachbarn und Freunde.

Am nächsten Morgen nimmt er einen Sack Honigplätzchen und macht sich auf den Weg in den Wald. Da begegnet
er einem Raben. „Guten Tag, Rabe. Hütest du meine Buben,
wenn ich in den Wald gehe? Du bekommst dafür drei Honigplätzchen am Tag." – „O, Honigplätzchen! Das ist gut", denkt
der Rabe. „Ja, das kann ich machen." antwortet er. „Aber
kannst Du auch mit Lausbuben umgehen?" – „Wenn sie frech

werden, krähe ich sie einfach an!" – „O nein!", sagt da der Vater Bär, „dich kann ich nicht gebrauchen. Du machst meinen Kindern nur Angst!"

Der Bär geht weiter. Da begegnet ihm der Wolf. Auch ihn fragt der Vater, ob er seine Buben hüten wolle, er bekomme drei Honigplätzchen am Tag dafür. Auch dem Wolf gefällt das Angebot. „Kannst du auch mit Lausbuben umgehen? Was machst du, wenn sie frech werden?" – „Wenn sie frech werden, heule ich sie einfach an!" – „O nein!", sagt da der Vater Bär, „dich kann ich nicht gebrauchen. Du machst meinen Kindern nur Angst!"

Endlich begegnet ihm ein kleines Häschen. „Hm", denkt der Vater Bär, „ob das kleine Häschen meine Frechdachse hüten kann? Ich werde ihn mal fragen." – „Willst du meine Buben hüten für drei Honigplätzchen am Tag?" – „Ja, vielleicht", sagt das Häschen, „ich kann es ja mal versuchen. Und wenn es nicht geht, dann schickst du mich eben wieder fort." – „Aber was machst du, wenn sie frech werden?" – „Wenn sie frech werden, dann sage ich: Hört Kinder, hört und kommt zu mir, ich erzähle euch eine Geschichte. Oder wir singen ein Leid, pfeifen und hüpfen herum, oder ich kratze sie am Bauch und nehme sie in meine Arme." – „Du bist genau der Richtige. Du hast meine Buben gern, und sie werden dich auch gernhaben."

Da gab der Vater Bär ihm eine ganze Handvoll Honigplätzchen, als Vorschuss sozusagen.

Von nun an hütete das Häschen immer die Buben, wenn der Vater in den Wald ging. Die kleinen Bären und das Häschen hatten ihre Freude miteinander. Sie waren gehorsam und brav – jedenfalls fast immer.

Der Geist im Glas
Ein Märchen der Gebrüder Grimm

Es war einmal ein armer Holzhacker, der arbeitete vom Morgen bis in die späte Nacht. Als er sich endlich etwas Geld zusammengespart hatte, sprach er zu seinem Jungen: „Du bist mein einziges Kind. Ich will das Geld, das ich mit saurem Schweiß erworben habe, zu deinem Unterricht anwenden. Lernst du etwas Rechtschaffenes, so kannst du mich im Alter ernähren, wenn meine Glieder steif geworden sind und ich daheim sitzen muss."

Da ging der Junge auf eine hohe Schule und lernte fleißig, sodass ihn seine Lehrer rühmten, und blieb eine Zeitlang dort. Als er ein paar Schulen durchgelernt hatte, aber noch nicht in allem vollkommen war, so war das bisschen Armut, das der Vater erworben hatte, draufgegangen, und er musste wieder zu ihm heimkehren. „Ach", sprach der Vater betrübt, „ich kann dir nichts mehr geben und kann in der teuren Zeit auch keinen Heller mehr verdienen als das tägliche Brot." – „Lieber Vater", antwortete der Sohn, „macht euch darüber keine Gedanken. Wenn's Gottes Wille also ist, so wird's zu meinem Besten ausschlagen. Ich will mich schon dreinschicken."

Abb. 35: Der Geist im Glas (Otto Ubbelohde, 1867-1922)

Als der Vater hinaus in den Wald wollte, um etwas am Malterholz (am Zuhauen und Aufrichten) zu verdienen, so sprach der Sohn: „Ich will mit euch gehen und euch helfen." – „Ja, mein Sohn", sagte der Vater, „das sollte dir beschwerlich ankommen. Du bist an harte Arbeit nicht gewöhnt, und hältst das nicht aus. Ich habe auch nur eine Axt und kein Geld übrig, um noch eine zu kaufen." – „Geht nur zum Nachbarn", antwortete der Sohn, „der leiht euch seine Axt so lange, bis ich mir selbst eine verdient habe."

Da borgte der Vater beim Nachbarn eine Axt, und am andern Morgen, bei Anbruch des Tages, gingen sie zusammen hinaus in den Wald. Der Sohn half dem Vater und war ganz munter und frisch dabei. Als nun die Sonne über ihnen stand, sprach der Vater: „Wir wollen rasten und Mittag halten, hernach geht's noch einmal so gut." Der Sohn nahm sein Brot in die Hand und sprach: „Ruht euch nur aus, Vater, ich bin nicht müde, ich will in dem Wald ein wenig auf und ab gehen und Vogelnester suchen." – „O du Geck", sprach der Vater, „was willst du da herumlaufen, hernach bist du müde und kannst den Arm nicht mehr aufheben; bleib hier und setze dich zu mir!"

Der Sohn aber ging in den Wald, aß sein Brot, war ganz fröhlich und sah in die grünen Zweige hinein, ob er etwa ein Nest entdeckte. So ging er hin und her, bis er endlich zu einer großen, gefährlichen Eiche kam, die gewiss schon viele hundert Jahre alt war und die keine fünf Menschen umspannt hätten. Er blieb stehen und sah sie an und dachte: Es muss doch mancher Vogel sein Nest hineingebaut haben.

Da war ihm auf einmal, als hörte er eine Stimme. Er horchte und vernahm, wie es mit so einem recht dumpfen Ton rief: „Lass mich heraus, lass mich heraus!" Er sah sich ringsum, konnte aber nichts entdecken, doch es war ihm, als

Abb. 36: Der Geist im Glas (Otto Ubbelohde, 1867-1922)

ob die Stimme unten aus der Erde hervorkäme.

Da rief er: „Wo bist du?" Die Stimme antwortete: „Ich stecke da unten bei den Eichwurzeln. Lass mich heraus, lass mich heraus!"

Der Schüler fing an, unter dem Baum aufzuräumen und bei den Wurzeln zu suchen, bis er endlich in einer kleinen

Höhlung eine Glasflasche entdeckte. Er hob sie in die Höhe und hielt sie gegen das Licht. Da sah er ein Ding, gleich einem Frosch gestaltet, das sprang darin auf und nieder. „Lass mich heraus, lass mich heraus!", rief's von neuem, und der Schüler, der an nichts Böses dachte, nahm den Pfropfen von der Flasche ab.

Alsbald stieg ein Geist heraus und fing an zu wachsen und wuchs so schnell, dass er in wenigen Augenblicken als entsetzlicher Kerl, so groß wie der halbe Baum, vor dem Schüler stand. „Weißt du", rief er mit einer fürchterlichen Stimme, „was dein Lohn dafür ist, dass du mich herausgelassen hast?" – „Nein", antwortete der Schüler ohne Furcht, „wie soll ich das wissen?" – „So will ich dir's sagen", rief der Geist, „den Hals muss ich dir dafür brechen." – „Das hättest du mir früher sagen sollen", antwortete der Schüler, „so hätte ich dich stecken lassen. Mein Kopf aber soll vor dir wohl feststehen, da müssen mehr Leute gefragt werden."

„Mehr Leute hin, mehr Leute her", rief der Geist, „deinen verdienten Lohn, den sollst du haben. Denkst du, ich wäre aus Gnade da so lange Zeit eingeschlossen worden? Nein, es war zu meiner Strafe; ich bin der großmächtige Merkurius. Wer mich loslässt, dem muss ich den Hals brechen."

„Sachte", antwortete der Schüler, „so geschwind geht das nicht, erst muss ich auch wissen, dass du wirklich in der kleinen Flasche gesessen hast und dass du der rechte Geist bist. Kannst du auch wieder hinein, so will ich's glauben, und dann magst du mit mir anfangen, was du willst."

Der Geist sprach voll Hochmut: „Das ist eine geringe Kunst", zog sich zusammen und machte sich so dünn und klein, wie er anfangs gewesen war, also dass er durch dieselbe Öffnung und durch den Hals der Flasche wieder hineinkroch. Kaum aber war er darin, so drückte der Schüler den abgezogenen Pfropfen wieder auf und warf die Flasche unter die

Eichwurzeln an ihren alten Platz, und der Geist war betrogen.

Nun wollte der Schüler zu seinem Vater zurückgehen, aber der Geist rief ganz kläglich: „Ach, lass mich doch heraus, lass mich doch heraus!" – „Nein", antwortete der Schüler, „zum zweiten Male nicht. Wer mir einmal nach dem Leben gestrebt hat, den lass ich nicht los, wenn ich ihn wieder eingefangen habe."

„Wenn du mich freimachst", rief der Geist, „so will ich dir so viel geben, dass du dein Lebtag genug hast." – „Nein", antwortete der Schüler", du würdest mich betrügen – wie das erste Mal." – „Du verscherzest dein Glück", sprach der Geist, „ich will dir nichts tun, sondern dich reichlich belohnen!"

Der Schüler dachte: Ich will's wagen, vielleicht hält er Wort, und anhaben soll er mir doch nichts. Da nahm er den Pfropfen ab und der Geist stieg wie das vorige Mal heraus, dehnte sich auseinander und ward groß wie ein Riese.

„Nun sollst du deinen Lohn haben", sprach er und reichte dem Schüler einen kleinen Lappen, ganz wie ein Pflaster, und sagte: „Wenn du mit dem einen Ende eine Wunde bestreichst, so heilt sie; und wenn du mit dem andern Ende Stahl und Eisen bestreichst, so wird es in Silber verwandelt." – „Das muss ich erst versuchen", sprach der Schüler, ging an einen Baum, ritzte die Rinde mit seiner Axt und bestrich sie mit dem einen Ende des Pflasters. Alsbald schloss sie sich wieder zusammen und war geheilt.

„Nun, es hat seine Richtigkeit", sprach er zum Geist, „jetzt können wir uns trennen." Der Geist dankte ihm für seine Erlösung, und der Schüler dankte dem Geist für sein Geschenk und ging zurück zu seinem Vater.

„Wo bist du herumgelaufen?", sprach der Vater; „warum hast du die Arbeit vergessen? Ich habe es ja gleich gesagt, dass du nichts zustande bringen würdest." – „Gebt euch zufrieden, Vater, ich will's nachholen." – „Ja, nachholen," sprach der Vater zornig, „das hat keine Art."

„Habt acht, Vater, den Baum da will ich gleich umhauen, dass er krachen soll." Da nahm er sein Pflaster, bestrich die Axt damit und tat einen gewaltigen Hieb. Aber weil das Eisen in Silber verwandelt war, so legte sich die Schneide um. „Ei, Vater, seht einmal, was habt Ihr mir für eine schlechte Axt gegeben, die ist ganz schief geworden." Da erschrak der Vater und sprach: „Ach, was hast du gemacht! Nun muss ich die Axt bezahlen und weiß nicht womit. Das ist der Nutzen, den ich von deiner Arbeit habe."

„Werdet nicht bös", antwortete der Sohn, „die Axt will ich schon bezahlen." – „O du Dummbart", rief der Vater, „wovon willst du sie bezahlen? Du hast nichts, als was ich dir gebe. Das sind Studentenkniffe, die dir im Kopf stecken, aber vom Holzhacken hast du keinen Verstand."

Über ein Weilchen sprach der Schüler: „Vater, ich kann doch nichts mehr arbeiten, wir wollen lieber Feierabend machen." – „Ei was", antwortete er, „meinst du, ich wollte die Hände in den Schoß legen wie du? Ich muss noch schaffen, du kannst dich aber heimpacken."

„Vater, ich bin zum ersten Mal hier in dem Wald, ich weiß den Weg nicht allein, geht doch mit mir!" Weil sich der Zorn gelegt hatte, so ließ der Vater sich endlich bereden und ging mit ihm heim. Da sprach er zum Sohn: „Geh und verkauf die verschändete Axt und sieh zu, was du dafür kriegst. Das übrige muss ich verdienen, um sie dem Nachbar zu bezahlen."

Der Sohn nahm die Axt und trug sie in die Stadt zu einem Goldschmied, der probierte sie, legte sie auf die Waage und sprach: „Sie ist vierhundert Taler wert, so viel habe ich nicht bar." Der Schüler sprach: „Gebt mir, was Ihr habt, das übrige will ich Euch borgen." Der Goldschmied gab ihm dreihundert Taler und blieb einhundert schuldig.

Darauf ging der Schüler heim und sprach: „Vater, ich habe

Geld, geht und fragt, was der Nachbar für die Axt haben will."
– „Das weiß ich schon", antwortete der Alte, „einen Taler
sechs Groschen." – „So gebt ihm zwei Taler zwölf Groschen,
das ist das Doppelte und ist genug. Seht Ihr, ich habe Geld im
Überfluss.", und gab dem Vater einhundert Taler und sprach:
„Es soll Euch niemals fehlen, lebt nach eurer Bequemlich-
keit."

„Mein Gott", sprach der Alte, „wie bist du zu dem Reichtum gekommen?" Da erzählte er ihm, wie alles zugegangen
wäre und wie er im Vertrauen auf sein Glück einen so reichen
Fang getan hätte.

Mit dem übrigen Geld aber zog er wieder hin auf die hohe
Schule und lernte weiter. Und weil er mit seinem Pflaster alle
Wunden heilen konnte, ward er der berühmteste Doktor auf
der ganzen Welt.

Das Geschenk für den Vater
Ein Märchen aus der Ukraine

„Mein Vater", sprach eines Tages der Sohn, „ich muss auf die Reise gehen, dorthin in die große Stadt. Hast du einen Wunsch, möchtest du, dass ich Dir etwas mitbringe?" Der Vater dachte eine kleine Weile nach. „Bitte bringe mir, was vom Essen übrigbleibt und die Brotkrümel mit."

Der Sohn machte sich mit seinen Gefährten auf den Weg. Die große Stadt war weit entfernt, und es war Winter. Sie hatten sich mit reichlich Vorrat versorgt. Unterwegs aber packte der Sohn alles, was vom Essen übrig blieb, auch die Brotkrümel, in einen Stoffbeutel. „Was machst du denn da, was soll das?" Die Gefährten lachten ihn aus. „Wir haben doch genug zu essen mitgenommen!" – „Ich sammele sie für meinen Vater, er hat es mir aufgetragen."

Auf dem Rückweg kommen sie in eine einsame und verlassene Gegend. Es ist kalt, der Himmel verdunkelt sich. Aus dichten Wolken fallen die ersten Schneeflocken. Wind kommt auf und der Schneefall wird dichter und dichter. Die Männer kamen kaum vorwärts. Da, endlich, eine Hütte. Ein Glück, sie finden Unterschlupf. Die Nacht vergeht, doch der

Abb. 37: Schneesturm (Jerzy Gorecki)

Sturm pfeift um die Hütte herum. „Wir müssen hier ausharren, da draußen ist es zu gefährlich, " – „Wir haben aber kaum noch etwas zu essen, unsere Vorräte sind aufgebraucht." Kalt, eisig kalt ist es in der Hütte. Die Männer frieren und hungern.

Abb. 38: Brotkrümel (congerdesign)

„Ich habe noch etwas übrig", spricht da der Sohn und holt den Stoffbeutel mit den Resten und Brotkrümeln hervor. Davon leben sie drei Tage und drei Nächte. Endlich legt sich der Sturm, und sie kehren nach Hause zurück.

„Nun, mein Sohn, hast du mir das versprochene Geschenk mitgebracht?" – „Nein, Väterchen. Ich habe wohl die Reste und alle Brotkrümel im Stoffsack gesammelt, so wie du es gewünscht hast. Doch wir sind unterwegs in einen schweren Schneesturm geraten, und nur dein Geschenk hat uns am Leben erhalten." – „Mein lieber Sohn, so ist es gut. Ich hatte mir gewünscht, es möge euch helfen, wenn ihr in Not geratet." Und die beiden umarmten sich.

Theologische Gedanken zu den Märchen
„Vater Bär und seine Lausbuben"
„Der Geist im Glas"
„Das Geschenk für den Vater"

Wir haben eben von drei sehr verschiedenen Vätern gehört.

Vater Bär und seine Lausbuben

Vater Bär – er war ein ganz Lieber.
„Vater Bär hatte keine Frau mehr. Das brachte Probleme mit sich."
Am Anfang der Bibel lesen wir: Gott sprach: „Es ist nicht gut, dass der Mensch allein sei. Ich will ihm eine Hilfe machen." Und Gott schuf eine Frau.
Ob Vater Bär nun auch wieder an eine Frau dachte, um sein Problem zu lösen, können wir dem Text nicht entnehmen. Die elegante und sehr selbstbezogene und kinderunfreundliche Frau Fuchs mag ihn vielleicht eher abgeschreckt haben.
Wir wissen nicht, wie Vater Bär seine Kinder erzogen hat, wenn er mit ihnen zu Hause allein war.
Für die Zeit seiner Abwesenheit sucht er jemanden, der liebevoll mit den Kindern umgeht. Der Rabe und der Wolf erscheinen ihm nicht geeignet. Die beiden sind offensichtlich vorrangig an den Honigplätzchen interessiert und stellen sich die Betreuung der Kinder zu einfach vor: „Dann krähe ich sie einfach an", „dann heule ich einfach ganz laut". So einfach geht das mit der Erziehung nicht.
Erziehung ist kein einfaches Geschäft. Auch der Schöpfer selbst hatte diese Erfahrung machen müssen. Gott, der alleinerziehende Vater aller Menschen: Er hatte feststellen müssen,

dass sich seine Geschöpfe schon zu Hause, im Paradies, nicht so verhielten, wie er es ihnen anempfohlen hatte. Und als er sie in die Welt entlassen hatte, gerieten sie gänzlich außer Rand und Band. Nach der Sintflut versuchte er einen neuen Anfang mit ihnen – mit nur mäßigem Erfolg. Auch durch die zehn Gebote und die Mahnungen der Propheten machten er die Menschen nicht wirklich besser.

Vater Bär setzte sich in seine Höhle und dachte nach. So wird sich wohl auch der Schöpfer auf seinen Thron gesetzt und nachgedacht haben. „Ohne Liebe geht es nicht", wird er sich gesagt haben. „Vor allem mit Liebe!", wird seine Schlussfolgerung gewesen sein. Und er sandte den Sohn einer jungen, armen, unverheirateten Frau in die Welt.

Vater Bär fand in dem kleinen Häschen die Person, auf die er gehofft hatte. „Die kleinen Bären und das Häschen hatten ihre Freude miteinander und waren gehorsam und brav – jedenfalls fast immer."

Konnte und kann der Schöpfer das auch von seinem neuen Versuch sagen: „Sie sind gehorsam und brav – jedenfalls fast immer."?

Der göttliche Schöpfer hat sich bezüglich seines schwer erziehbaren Geschöpfes „Mensch" zu endloser Geduld entschlossen. Er freut sich über jeden Einzelnen, der sich zum Guten bekehrt, und sei es einer von hundert.

Der Geist im Glas

Väter sind älter als Söhne. Das macht einen Unterschied.

Väter haben schon mehr Lebensjahre und mehr Lebenserfahrungen hinter sich.

In unserem zweiten Märchen – vom Holzhacker und seinem Sohn – haben wir einen ziemlich griesgrämigen Vater vor uns. Der Vater war in der Folge seiner Armut, seines harten Berufes und seines Alters und vielleicht diverser beschwerlicher Lebenserfahrungen, die wir im Einzelnen nicht kennen, zu einem mürrischen, pessimistischen, resignierten Menschen geworden, dem die Begrenzungen seiner Möglichkeiten so ziemlich unüberwindlich erschienen. Er hat zwar noch den Versuch gemacht, für sein Alter ein wenig vorzusorgen, indem er mit dem wenigen angesparten Vermögen dem Sohn eine Ausbildung ermöglichen wollte, damit dieser ihn später mit Hilfe eines besseren und einträglicheren Berufes im Alter finanziell unterstützen könnte. Aber auch dieses Vorhaben scheiterte auf halber Strecke und wurde so zu einer weiteren negativen Lebenserfahrung.

Der Vater bringt seine resignative Lebenseinstellung seinem Sohn gegenüber immer wieder zum Ausdruck und bringt für dessen diverse Ansinnen kein Verständnis auf.

Der Sohn antwortet auf alle negativen Anwürfe seines Vaters in liebevoller Gelassenheit. Er lässt sich von dem Vater weder verstimmen, noch lässt er sich in seinen Vorhaben beirren.

Der Sohn ist im Studentenalter. Er hat das Leben im Wesentlichen noch vor sich. Er ist voller Lebensfreude, voller Entdeckerlust, voller Selbstvertrauen – und Gottvertrauen. Wir könnten sagen: Das liegt an seiner Jugend. Er ist noch voller Kraft und weiß noch nicht, wie das Leben so spielt.

Das könnten wir übrigens auch von dem jungen Mann aus Nazareth vermuten. Der war nur Anfang dreißig geworden. Wie hätte er das Leben und die Menschen gesehen, wenn er 60 geworden wäre? Resignativ vielleicht? Wohl eher nicht. Der junge Mann von damals war von vornherein anderer Art. Diesen Eindruck macht auch der junge Mann unseres Märchens. Er ist, verzeihen Sie, von christlicher Art.

Der junge Mann will das Leben kennenlernen. Und er lernt

es kennen – in seiner ganzen Fülle. Er geht in den Wald hinein – auf der Suche nach dem „Abenteuer Leben". Unter dem Baum findet er es, eingeschlossen in einer Flasche, ein Wesen in froschähnlicher Gestalt mit einer menschlichen hilferufenden Stimme. Der junge Mann in seiner lebensfrohen und menschenfreundlichen Art lässt das unbekannte Wesen heraus und sieht – von einem Moment auf den anderen – das Leben mit seiner nicht nur jammervollen, sondern auch bedrohlichen, ja, lebensbedrohlichen Seite vor sich.

Der junge Mann ist unerschrocken und klug – wie auch der, den wir seit 2000 Jahren kennen. Es gelingt ihm mit einer List, das Bedrohliche und Böse, das sich gerade in voller Größe vor ihm entfaltet hatte, wieder in die Flasche zu verbannen.

Er hört nun noch einmal die Stimme, wieder hilferufend, doch nun mit einem Versprechen verbunden. Noch einmal ist der junge Mann vom Leben herausgefordert. Das Leben, ein unkalkulierbares Risiko, voller Bedrohungen, aber auch mit großen Verheißungen. Sich mutig dem Leben aussetzen – mit allem, was dazugehört – oder sich voller Bedenken der Fülle des Lebens verschließen? Der Volksmund sagt: „Wer nicht wagt, der nicht gewinnt." Der biblische Text sagt: „Wer sein Leben erhalten will, der wird's verlieren. Und wer sein Leben hingibt, der wird's empfangen."

Der junge Mann wägt ab und entscheidet sich für die Fülle des Lebens – mit den Risiken und den Verheißungen. Es geht gut für ihn aus. Die Verheißungen erfüllen sich. Das Leben beschenkt ihn überreich, und er lässt seinen Vater und seine Mitmenschen an seinem Segen teilhaben.

Der junge Mann des Märchens ist von christlicher Art. Ihm ist freilich <u>eine</u> Prüfung des Lebens erspart geblieben. Oder sagen wir besser: Von <u>einer</u> Prüfung ist in diesem Märchen nicht mehr die Rede.

Wie hätte sich der junge Mann verhalten, wenn die Verheißungen des Lebens nicht in Erfüllung gegangen wären? Wir wissen es nicht. Von dem jungen Mann, der uns seit 2000 Jahren begleitet, ist uns in den biblischen Texten überliefert: Er hat die tiefsten Tiefen des Lebens durchschritten und ist dem Leben und den Menschen – trotz allem – lebensfroh und liebevoll verbunden geblieben. Eine Ermutigung, eine Stärkung, ein Segen für uns alle.

Das Geschenk für den Vater

Im dritten Märchen lernen wir einen Vater kennen, der schon fast göttliche Qualitäten hat. Vorsorgend fürsorglich ist der Vater. Er erinnert an den göttlichen Schöpfer, der die Lilien auf dem Feld schön kleidet, ohne dass sich diese darum hätten kümmern müssen, und der den Vögeln unter dem Himmel zu essen gibt, ohne dass diese sich je darüber Gedanken gemacht hätten.

Wir machen uns über macherlei Dinge Gedanken und Sorgen, aber über vieles denken wir eher selten nach, weil wir weitgehend wie selbstverständlich vor uns hinleben. Oftmals merken wir erst im Krisenfall, wie gut wir es haben und gehabt haben, weil von anderer Seite und von höherer Warte vorsorglich und fürsorglich die Dinge für uns geregelt waren und werden.

Das Märchen mit dem Titel „Das Geschenk für den Vater" hätte auch heißen können „Das Geschenk des Vaters" – so, wie im Gottesdienst nicht nur und nicht vor allem wir dem göttlichen Schöpfer dienen, sondern Gott uns seinen Dienst erweist.

Der Prinz mit den Eselsohren
Ein Märchen aus Portugal

Es war einmal ein König, ein sehr, sehr trauriger König. Er hatte keinen Sohn. Was ist ein König ohne einen Sohn? In seiner Not ließ er die weisen Frauen seines Landes, drei Feen, zu sich kommen. „Ich bitte euch, helft mir, ich wünsche mir so sehr einen Sohn!" – „Euer Wunsch wird in Erfüllung gehen, und wir werden bei der Geburt zugegen sein", sprachen die drei.

Und wirklich: Nach neun Monaten wurde dem Königspaar ein Sohn geboren, und die drei Feen beschenkten das Kind mit ihren Wundergaben: „Du wirst der schönste Prinz der Welt werden", sprach die Erste. „Reichtum, Tugend und Klugheit sollen dir geschenkt werden!" Das waren die Worte der Zweiten. „Was bleibt mir noch übrig?", dachte die Dritte. „Damit du nicht zu stolz und hochmütig wirst, sollen dir Eselsohren wachsen!"

„Was hast du gesagt! Nein, nein, ein Prinz, der Thronfolger, mit Eselsohren! Nimm es zurück, sofort!" Der König war außer sich vor Entsetzen! Doch die drei Feen wandten sich um und verließen ohne ein weiteres Wort den Raum. Der König und die Königin waren allein mit ihrem Kind.

„Niemand darf es erfahren, niemals, niemals! Eine Kappe soll er tragen, Tag und Nacht, das ist mein Befehl!"

Der Prinz wuchs heran und wurde von Tag zu Tag und Jahr um Jahr schöner. Man kannte ihn nur mit der Kappe auf dem Kopf. Bald schauten schwarze Locken darunter hervor.

Eines Tages entdeckte der Vater einen ersten Bartflaum auf den Wangen seines Sohnes. Am selben Abend kam der Barbier – wie an jedem Morgen und an jedem Abend – in das Gemach des Königs. „Mein Sohn ist ein junger Mann geworden. Morgen wirst du die erste Rasur vornehmen und sein

Haar schneiden. Dazu musst du ihm die Kappe vom Kopf nehmen. Du wirst etwas sehen, was dich erstaunen wird. Doch ich befehle dir: Sprich mit niemandem darüber, niemals! Sonst wirst du eines schrecklichen Todes sterben!"

Am nächsten Morgen betrat der Barbier das Gemach des Prinzen. Er seift ihn ein, rasiert ihn zum ersten Mal, hebt die Kappe vom Kopf. Der Barbier – „ooooh" – schneidet das Haar – und setzt die Kappe wieder auf.

Abb. 39: Der Prinz mit den Eselsohren
(Theater Stuttgart)

Von diesem Tag an wurde der Barbier immer stiller und schweigsamer. Und ihr wisst – ein Barbier redet gern mit den Menschen. Doch in seinem Kopf dröhnt es: „Der Prinz hat Eselsohren, der Prinz hat Eselsohren." Er kann bald keinen klaren Gedanken mehr fassen. „Was soll ich tun? Ich werde noch verrückt! Ja, ich werde zur Beichte gehen, zum Pater."

„Mein Sohn, was liegt dir auf der Seele?" – „Ich darf es nicht aussprechen, sonst droht mir der Tod." – „Du weißt, hier bleibt alles in Gottes Ohr, ihm kannst du dich anvertrauen." – „Ja, ich weiß. Der ... der, nein, ich bekomme es nicht über die Lippen!" Da war es ganz still im Beichtstuhl.

„Höre nun meinen Rat", spricht der Pater, „gehe durch den Wald in das nächste Tal hinein. Suche dir einen Ort, wo du gewiss sein kannst, dass niemand dich hört. Hebe eine Grube aus. Sprich dein Geheimnis in diese Grube hinein, so lange und so laut, wie du es brauchst. Verschließe die Grube wieder mit Erde. Dies wird dich von deiner Last befreien."

Der Barbier tat, wie ihm sein Beichtvater geraten hatte. Am selben Abend betrat er wieder die Taverne, trank den Wein, plauderte mit den Freunden.

Nach einiger Zeit aber wuchsen dort im Tal Stängel aus der Grube, kräftiger, grüner Bambus. Hirten kamen vorüber. Sie schneiden sich frische Bambusstangen ab, schnitzen neue Flöten daraus und spielen darauf kleine Melodien. Doch was ist das? Ist da eine Stimme, sind da Worte unter der Melodie? „Hörst du es? Es hörte sich an wie: Der Prinz hat Eselsohren, der Prinz hat Eselsohren!"

Die Hirten kommen in die Stadt, spielen auf ihren Flöten. Und die Leute hören die Melodie, die Stimme, die Worte. Sie flüstern, einer erzählt es dem anderen: „Der Prinz hat Eselsohren, der Prinz hat Eselsohren."

Die Neuigkeit verbreitet sich in der ganzen Stadt und kommt sogar dem König zu Ohren. „Die Hirten sollen in den Palast kommen!" Der König ergreift eine Flöte, spielt selbst darauf, „Der Prinz hat Eselsohren ..."

Sein Sohn, die Königin und der ganze Hofstaat hören es. „Ruft den Barbier!", befiehlt der König. „Du bist des Todes! Wachen, ergreift ihn!" – „Nein, nein, Majestät! Ich habe es niemandem erzählt, niemals! Ich bin unschuldig!"

Da erhebt sich der Prinz: „Mein Vater, ich bitte um Gnade für den Barbier. So sollen es alle wissen, und keiner braucht es mehr im Geheimen zu flüstern: Ich habe Eselsohren!" Der Prinz nimmt seine Kappe ab – doch da sind keine Eselsohren mehr! Sie sind verschwunden!

Und die Hirten spielen, spielen auf den Flöten ihre Hirtenlieder.

Die drei Federn
Ein Märchen der Gebrüder Grimm

Es war einmal ein König, der hatte drei Söhne, davon waren zwei klug und gescheit, aber der dritte sprach nicht viel, war einfältig und hieß nur der Dummling.

Als der König alt und schwach ward und an sein Ende dachte, wusste er nicht, welcher von seinen Söhnen nach ihm das Reich erben sollte. Da sprach er zu ihnen: „Zieht aus, und wer mir den feinsten Teppich bringt, der soll nach meinem Tod König sein." Und damit es keinen Streit unter ihnen gab, führte er sie vor sein Schloss, blies drei Federn in die Luft und sprach: „Wie die fliegen, so sollt ihr ziehen."

Die eine Feder flog nach Osten, die andere nach Westen, die dritte flog aber geradeaus und flog nicht weit, sondern fiel bald zur Erde. Nun ging der eine Bruder rechts, der andere ging links, und sie lachten den Dummling aus, der bei der dritten Feder, da, wo sie niedergefallen war, bleiben musste.

Der Dummling setzte sich nieder und war traurig. Da bemerkte er auf einmal, dass neben der Feder eine Falltüre lag. Er hob sie in die Höhe, fand eine Treppe und stieg hinab. Da kam er vor eine andere Türe, klopfte an und hörte, wie es inwendig rief:

„Jungfer grün und klein, Hutzelbein, Hutzelbeins Hündchen, Hutzel hin und her, lass geschwind sehen, wer draußen wär."

Die Türe tat sich auf, und er sah eine große dicke Itsche (Kröte) sitzen und rings um sie eine Menge kleiner Itschen. Die dicke Itsche fragte, was sein Begehren wäre. Er antwortete: „Ich hätte gerne den schönsten und feinsten Teppich." Da rief sie eine junge und sprach:

„Jungfer grün und klein, Hutzelbein, Huzelbeins Hündchen, Hutzel hin und her, bring mir die große Schachtel

122

Abb. 40: Die drei Federn (Otto Ubbelohde, 1867-1922)

her."

Die junge Itsche holte die Schachtel, und die dicke Itsche machte sie auf und gab dem Dummling einen Teppich daraus, so schön und so fein, wie oben auf der Erde keiner konnte gewebt werden. Da dankte er ihr und stieg wieder hinauf.

Die beiden andern hatten aber ihren jüngsten Bruder für so albern gehalten, dass sie glaubten, er würde gar nichts finden und aufbringen. „Was sollen wir uns mit Suchen groß Mühe geben," sprachen sie, nahmen dem ersten besten Schäfersweib, das ihnen begegnete, die groben Tücher vom Leib und trugen sie dem König heim.

Zu derselben Zeit kam auch der Dummling zurück und brachte seinen schönen Teppich, und als der König den sah, staunte er und sprach: „Wenn es dem Recht nach gehen soll, so gehört dem Jüngsten das Königreich." Aber die zwei andern ließen dem Vater keine Ruhe und sprachen, unmöglich könnte der Dummling, dem es in allen Dingen an Verstand fehlte, König werden, und baten ihn, er möchte eine neue Bedingung machen.

Da sagte der Vater: „Der soll das Reich erben, der mir den schönsten Ring bringt," führte die drei Brüder hinaus, und blies drei Federn in die Luft, denen sie nachgehen sollten. Die zwei ältesten zogen wieder nach Osten und Westen, und für den Dummling flog die Feder geradeaus und fiel neben der Erdtüre nieder.

Da stieg er wieder hinab zu der dicken Itsche und sagte ihr, dass er den schönsten Ring brauchte. Sie ließ sich gleich ihre große Schachtel holen, und gab ihm daraus einen Ring, der glänzte von Edelsteinen und war so schön, dass ihn kein Goldschmied auf der Erde hätte machen können.

Die zwei Ältesten lachten über den Dummling, der einen goldenen Ring suchen wollte, gaben sich gar keine Mühe, sondern schlugen einem alten Wagenring die Nägel aus und brachten ihn dem König. Als aber der Dummling seinen goldenen Ring vorzeigte, so sprach der Vater abermals: „Ihm gehört das Reich."

Die zwei Ältesten ließen nicht ab, den König zu quälen, bis er noch eine dritte Bedingung machte und den Ausspruch tat, der sollte das Reich haben, der die schönste Frau heimbrächte. Die drei Federn blies er nochmals in die Luft, und sie flogen wie die vorigen Male.

Da ging der Dummling ohne Weiteres hinab zu der dicken Itsche und sprach: „Ich soll die schönste Frau heimbringen." – „Ei", antwortete die Itsche, „die schönste Frau! Die ist nicht gleich zur Hand, aber du sollst sie doch haben."'

Sie gab ihm eine ausgehöhlte gelbe Rübe mit sechs Mäuschen bespannt. Da sprach der Dummling ganz traurig: „Was soll ich damit anfangen?" Die Itsche antwortete: „Setze nur eine von meinen kleinen Itschen hinein." Da griff er auf's Geratewohl eine aus dem Kreis und setzte sie in die gelbe Kutsche. Aber kaum saß sie darin, so ward sie zu einem wunderschönen Fräulein, die Rübe zur Kutsche und die sechs Mäuschen zu Pferden. Da küsste er sie, jagte mit den Pferden davon und brachte sie zu dem König.

Seine Brüder kamen nach, die hatten sich gar keine Mühe gegeben, eine schöne Frau zu suchen, sondern die ersten besten Bauernweiber mitgenommen. Als der König sie erblickte, sprach er: „Dem Jüngsten gehört das Reich nach meinem Tod." Aber die zwei Ältesten betäubten die Ohren des Königs aufs neue mit ihrem Geschrei: „Wir können's nicht zugeben,

Abb. 41: Die drei Federn (Otto Ubbelohde, 1867-1922)

dass der Dummling König wird," und verlangten, der sollte den Vorzug haben, dessen Frau durch einen Ring springen könnte, der da mitten in dem Saal hing. Sie dachten: „Die Bauernweiber können das wohl, die sind stark genug, aber das

125

zarte Fräulein springt sich tot."

Der alte König gab das auch noch zu. Da sprangen die zwei Bauernweiber, sprangen auch durch den Ring, waren aber so plump, dass sie fielen und ihre groben Arme und Beine entzweibrachen. Darauf sprang das schöne Fräulein, das der Dummling mitgebracht hatte, und sprang so leicht hindurch wie ein Reh, und aller Widerspruch musste aufhören. Also erhielt er die Krone und hat lange in Weisheit geherrscht.

Theologische Gedanken zu den Märchen
„Der Prinz mit den Eselsohren"
„Die drei Federn"
„Der Storch und seine Kinder"

Der Prinz mit den Eselsohren

„Ein König war traurig, weil er keine Kinder hatte." Und die Königin? War sie nicht auch traurig darüber, dass sie keine Kinder hatte? Also erdenkt sich ein anderer Märchenerzähler seine eigene Version des Märchens und beginnt mit den Worten: „Es waren einmal ein König und eine Königin, die waren sehr traurig, denn sie hatten keine Kinder."

So ähnlich haben es auch diejenigen gemacht, die uns die Texte der Bibel überliefert haben. Der Evangelist Markus schreibt: Jakobus und Johannes gingen zu Jesus und baten ihn: „Wenn du dereinst auf dem himmlischen Thron sitzt, würden wir gern rechts und links neben dir sitzen." Der Evangelist Matthäus, der das Markusevangelium vor sich auf dem Schreibtisch liegen hatte, sagte sich: „Das ist unanständig, was die beiden Jünger von Jesus wollen." Und er schrieb statt dessen: „Die Mutter von Jakobus und Johannes ging zu Jesus und bat ihn: Wenn du dereinst auf dem himmlischen Thron sitzt, dann lass doch bitte meine beiden Söhne rechts und links neben dir sitzen." Einer Mutter kann man es nicht verdenken, dass sie das Beste will für ihre Kinder.

Der König unseres Märchens möchte einen Sohn. Einen Sohn? Warum nicht eine Tochter? Wir könnten auch fragen: Warum schickte Gott einen Sohn in die Welt? Hätte es nicht auch eine Tochter sein können? Die ganze Theologie hätte wohl einen anderen Verlauf genommen. Und hätten uns die biblischen Erzähler nicht Gott als Mutter überliefern können? Die göttliche Mutter mit ihrem Sohn oder mit ihrer Tochter?

Oder das göttliche Ehepaar mit ihrer Tochter oder ihrem Sohn? Es wäre jeweils eine andere Theologie dabei herausgekommen.

Wir halten uns an das, was uns überliefert ist. Und wir nehmen das Märchen von dem Prinzen mit den Eselsohren, wie wir es heute gehört haben. Und wir stellen fest: Der König, der mächtigste Mann im Land, ist nicht mächtig genug, um alles zu können. Dass seine Frau ein Kind von ihm bekommt, kann er nicht erzwingen. Er hätte die Hände falten können. Aber beten ist nicht so recht die Art von Märchen. Der König lässt drei Feen kommen, die das Unverfügbare möglich machen sollen. Sie machen es möglich. Der Wunsch des Königs wird erfüllt. Dem Königspaar wird ein Sohn geboren, der freilich wiederum zu wünschen übrig lässt.

Dem König fällt es schwer, seinen Sohn anzunehmen, wie er ist. Das Unansehnliche an ihm unsichtbar zu machen, ist sein Bemühen.

Am Ende wird das Unansehnliche unsichtbar. Der Sohn erlöst den Vater. „Ich bin, wie ich bin. Ich habe Eselsohren!" Der Sohn steht zu seinem Aussehen. Es sind nun andere Eigenschaften als die der Ohren, die gesehen werden. Die menschlichen Qualitäten des Prinzen werden wahrgenommen.

Die drei Federn

Auch der zweite König kann nicht alles. Auch er hat seine unüberschreitbaren menschlichen Grenzen. Auch er faltet nicht die Hände. Aber auch er braucht Hilfe aus jener anderen Welt jenseits seiner eigenen Möglichkeiten. Er nimmt das Schicksal zu Hilfe und drei Federn.

Der Wind weht, wo er will. Er weht die mittlere Feder dorthin, wo das Schicksal die Quelle der Lösung bereithält –

Abb. 42: Die drei Federn (Gordon Brown (1858-1932)

für den, der auf Hilfe angewiesen ist und der bereit ist, Hilfe anzunehmen, den Dummling, wie ihn seine Brüder nennen.

Der Wind meint es gut mit ihm, fast könnten wir ihn den „heiligen Wind" nennen. Er führt ihn in die Tiefe, die fremd und bedrohlich erscheint und doch voller Verheißungen ist.

Das Schicksal ist fremd und bedrohlich; es kann uns aber auch viel Gutes geben. Das Märchen gibt dem Schicksal ein tierisches Antlitz. Die Texte, die uns heilig geworden sind, geben dem Schicksal ein menschliches Antlitz.

Für den, den die anderen „Dummling" nannten, fügt sich alles zum Guten. Für ihn war es höhere Fügung, was ihm an Gutem widerfährt. Er findet den schönsten Teppich, den schönsten Ring, die schönste Frau. Seine hochmütigen Brüder hatten leichtfertig gemeint, das Leben würde sich wie selbstverständlich nach ihren Wünschen richten. Das Leben geht aber seine eigenen Wege und kann den Hochmütigen zu Fall bringen und den Demütigen erheben. Es hat den ungeliebten Bruder schließlich auf den Thron erhoben.

Das Ende ist fast zu schön, um wahr zu sein. Aber das Schöne und Gute ist Teil der Wahrheit des Lebens. Es ist gut und wichtig und hilfreich, diesen Teil der Wahrheit stets als Leitbild vor Augen zu haben. Wenn wir an das Schöne und Gute glauben, machen wir uns nichts vor. Wir unterliegen dann nicht einer Illusion. Vielmehr lassen wir uns dann leiten von der berechtigten Hoffnung, dass sich das Unverfügbare des Lebens zu unseren Gunsten entfalten kann. Es hängt nicht alles von uns selbst ab. Der „heilige Wind" weht, wo er will.

Der Storch und seine Kinder

Es bleibt dabei: Erziehung ist ein schwieriges Geschäft. Wir werden dazu gleich noch das Märchen von Vater Storch und seinen drei Kindern hören.

Wir können es mit der Erziehung noch so gekonnt anstellen und noch so viele Ratschläge geben, Regeln festsetzen, Sanktionen auferlegen. Wir können reden und reden – was dabei herauskommt, bleibt ungewiss.

Vater Storch spart sich die vielen und großen Worte. Die Ansinnen seiner beiden ersten Kinder lehnt er mit einem knappen Satz ab und überlässt es den Kindern, selbst herauszufinden, was er wohl gemeint haben könnte.

Auf das Ansinnen seines dritten Kindes lässt er sich ein und stimmt mit einem kurzen Satz zu – ganz im Sinne des Apostels Paulus und des Reformators Martin Luther, die sich beide allerdings wortreicher und gewählter geäußert haben.

Vater Storch hätte im Sinne der beiden großen Theologen seinen Kindern erklären können: „Es betrübt mich, dass ihr meint, mir eine Gegenleistung anbieten zu müssen, damit ich euch helfe. Ihr wisst doch, dass ich euch gern helfe. Ich schenke euch meine Liebe, das wisst ihr doch. Ich lasse mir meine Liebe nicht abkaufen."

Aber was rede ich hier so wortreich?! Wir werden das Märchen nach der nächsten Musik hören.

Der Storch und seine Kinder
Ein Märchen aus Litauen

Störche sind auf dem Weg nach Süden. Da ruft ein junger Storch: „Vater, ich bin müde, bitte nimm mich auf deine Flügel. Wenn du alt bist, werde ich dich auch auf meinen Flügeln tragen." Da antwortet der Vater: „Mein Kind, das, was du sprichst, ist nicht richtig." Und sie fliegen weiter.

Da ruft wieder ein Storchenjunges – ob es wohl zum ersten Mal diese weite Reise in den Süden macht? –: „Vater, ich bin müde, ich kann nicht mehr. Bitte nimm mich auf deine Flügel. Wenn du alt bist, werde ich dich auch auf meinen Flügeln tragen." – „Das, was du sprichst, ist nicht richtig." Und sie fliegen weiter.

Da ruft ein drittes Storchenjunges: „Vater, ich bin müde, bitte nimm mich auf deine Flügel. Wenn ich groß bin, werde auch ich meine Kinder auf meinen Flügeln tragen." – „Sieh da", spricht der Vater, „das, was du sprichst, ist richtig." Und er nimmt es auf seine Flügel.

Abb. 43: Störche

Abbildungsverzeichnis

Die Wahrheit und das Märchen
Ein jüdisches Märchen aus Israel
http://maerchenbasar.de/2-intern/1497-die-wahrheit-und-das-maerchen.html

Der hässliche Riese
Ein Märchen aus Malta
https://internet-maerchen.de/maerchen/haessliche_riese.htm

Der Hirte und die Fee
Ein italienisches Märchen
Aus: Linde Knoch, Praxisbuch Märchen

Die drei goldenen Haare
Ein Märchen aus Rumänien
Aus: Clarissa Pinkola Estés, Die Wolfsfrau
https://internet-maerchen.de/maerchen/skelettfrau.htm

Der Tod von Isfahan
Ein Märchen aus dem Orient
https://ziladoc.com/download/tod-und-trauer-im-mrchen_pdf

Die Beutelratte, die sich fledermauste
Ein Indiomärchen aus Südamerika
http://maerchenbasar.de/klassische-maerchen/amerika/3342-die-beutelratte-die-sich-fledermauste.html

Die Skelettfrau
Ein Märchen der Inuit
Aus: Clarissa Pinkola Estés, Die Wolfsfrau
https://internet-maerchen.de/maerchen/skelettfrau.htm

Der Tod und das Knäckebrot
Ein Märchen aus Schweden
Aus: Heinrich Dickerhoff, Trau deiner Sehnsucht, Topos Taschenbücher

Der Spiegel, der ins Jenseits führt
Ein Märchen aus Argentinien
Aus: BlickWechsel, Ausgabe 2009 / Nr. 27, Märchen in der Hospizarbeit, S. 7f.,
https://www.yumpu.com/de/document/read/2808864/und-palliativ-beratungsdienst-lippe-ev-blickwechsel/9

Der Tod im Pflaumenbaum
Ein Märchen aus Frankreich
Aus: Jana Raile, Trauerbegleitung im Märchen

Vater Bär und seine Lausbuben
Ein Märchen aus Russland
Aus: Kindermärchen aus aller Welt, Mutabor Verlag

Das Geschenk für den Vater
Ein Märchen aus der Ukraine
Aus: Märchenforum Nr. 67, Mutabor Verlag

Der Prinz mit den Eselsohren
Ein Märchen aus Portugal
https://hekaya.de/maerchen/der-prinz-mit-den-eselsohren--europa_221.html

Der Storch und seine Kinder
Ein Märchen aus Litauen
Aus: Linde Knoch, Praxisbuch Märchen

Ebenfalls bei Books on Demand (BoD) erschienen:

Das Ja zum Leben und zum Menschen

Band 18, Predigten 1972-1974
2019 Paperback 172 Seiten, € 8,90, ebook 5,49, ISBN 978-3-7494-6649-8
Band 17, Predigten 1975-1976
2019 Paperback 196 Seiten, € 8,90, ebook 5,49, ISBN 978-3-7494-4788-6
Band 16, Predigten 1976-1977
2019 Paperback 236 Seiten, € 8,90, ebook 5,49, ISBN 978-3-7412-3835-2
Band 15, Predigten 1978
2018 Paperback 152 Seiten, € 8,90, ebook 5,49, ISBN 978-3-7481-4684-1
Band 14, Predigten 1979-1980
2018 Paperback 232 Seiten, € 8,90, ebook 5,49, ISBN 978-3-7481-0931-0
Band 13, Predigten 1980-1982
2018 Paperback 280 Seiten, € 8,90, ebook 5,49, ISBN 978-3-7528-3117-7
Band 12, Predigten 1983-1984
2018 Paperback 196 Seiten, € 8,90, ebook 5,49, ISBN 978-3-7528-1175-9
Band 11, Predigten 1985-1986
2017 Paperback 216 Seiten, € 8,90, ebook 5,49, ISBN 978-3-7460-3015-9
Band 10, Predigten 1987-1989
2017 Paperback 252 Seiten, € 8,90, ebook 5,49, ISBN 978-3-7448-9893-5

Band 9, Predigten 1990-1992
2017 Paperback 236 Seiten, € 8,90, ebook 5,49, ISBN 978-3-7448-2210-7
Band 8, Predigten 1993-1995
2017 Paperback 268 Seiten, € 8,90, ebook 5,49, ISBN 978-3-7431-7639-3
Band 7, Predigten 1996-1997
2017 Paperback 224 Seiten, € 8,90, ebook 5,49, ISBN 978-3-7431-5951-8
Band 6, Predigten 1998-2000
2017 Paperback 252 Seiten, € 8,90, ebook 5,49, ISBN 978-3-7431-9248-5
Band 5, Predigten 2001-2002
2016 Paperback 232 Seiten, € 8,90, ebook 5,49, ISBN 978-3-7431-1908-6
Band 4, Predigten 2003-2004
2016 Paperback 272 Seiten, € 8,90, ebook 5,49, ISBN 978-3-7412-6358-3
Band 3, Predigten 2005-2006
2016 Paperback 264 Seiten, € 8,90, ebook 5,49, ISBN 978-3-7412-5616-5
Band 2, Predigten 2007-2008
2016 Paperback 284 Seiten, € 8,90, ebook 5,49, ISBN 978-3-7412-2527-7
Predigten 2009-2012
2013 Paperback 252 S., € 14,90, ebook 11,99, ISBN 978-3-8482-4463-8

Häppchen für Herz und Hirn

Gedanken zu den Wochensprüchen
des Kirchenjahres
2015, Hardcover 376 Seiten, € 18,50, ebook € 7,99
ISBN: 978-3-7392-0867-1

Neujahrsansprachen

Hamburg-Hoheluft, 1998-2010
2019, Paperback 128 Seiten, € 12,90, ebook € 5,49
ISBN: 978-3-7494-5149-4

Titelbild und Fotos: Wolfgang Nein,
soweit in den Bildunterschriften nicht anders angegeben